Verrückt nach FETA

55 grandiose Schlemmerrezepte mit aromatischem Fetakäse

BM-Books

Inhalt

Rezeptübersicht

SUPPEN UND SALATE MIT FETA

FETATRÄUME MIT FLEISCH UND FISCH

FETALICIOUS VEGGIE

DER BAKED-FETA-SCHLEMMERWAHNSINN

Vorwort

Ich liebe Feta! Das ist die einfache Antwort auf die Frage, weshalb es dieses wunderbare Kochbuch mit dem Schwerpunkt Fetakäse überhaupt gibt.

Früher war Feta für mich «nur» der in Scheiben erhältliche weiße würzige Käse, den man in Würfel schneidet und als wichtigen Bestandteil des typischen Griechischen Bauernsalates beifügt. Klar, im griechischen Restaurant mochte und mag auch ich gerne als Vorspeise gebackenen panierten Saganaki, also eine Scheibe Feta in Panade und dann in Öl ausgebacken oder frittiert. Damit war jedoch über viele Jahre die fixe Grenze meines überschaubaren Fetahorizonts gezogen.

Doch die Dinge haben sich geändert und Feta hat sich zwischenzeitlich zu einem meiner Lieblingslebensmittel gemausert. Als ich im Jahr 2014 nach einer Ernährungsumstellung begonnen habe Kochrezepte auf meinem Blog www.happycarb.de zu veröffentlichen, wurde ich viel wacher und aufmerksamer unterschiedlichen Lebensmitteln gegenüber. Ich war und bin immer auf der Suche nach nährstoffreichen und leckeren Nahrungsmitteln, die das kulinarische Leben mit einem guten Gefühl und noch mehr Genuss schöner machen.

Also stolperte ich auf meiner Suche über den leckeren Fetakäse und machte mir Gedanken darüber, was man wohl aus dem aromatischen Feta alles zaubern kann. Das war zu einer Zeit, als in den Sozialen Medien der «Baked-Feta-Wahnsinn» tobte und man das Gefühl bekam, ganz Deutschland und der Rest der Welt werfen Tomaten und Feta in den Backofen und rühren anschließend gekochte Spaghetti unter. Total lecker, total einfach, aber ich fand die immer gleiche Kombination auch extrem langweilig. Da muss doch mehr gehen, war ich mir sicher, und ich begann zu experimentieren.

Herausgekommen ist eine Vielzahl von tollen Feta-Rezepten, die sich von Suppen und Salaten über Rezepte mit Fleisch und Fisch erstrecken. Natürlich gibt es auch für Veggie-Fans ein großes Rezeptangebot und abgerundet wird die Sammlung von Feta-Rezepten mit der Kategorie «Baked Feta», wo ich all diejenigen glücklich mache, denen die einfache Variante zwar super schmeckt, aber inzwischen doch etwas zu eintönig wurde.

Ich hoffe, ich kann Sie mit meiner Fetaliebe anstecken und Sie finden ebenfalls Freude an den abwechslungsreichen und leckeren Rezepten hier im Buch. Feta kann so viel mehr als Bauernsalat, aber überzeugen Sie sich einfach selbst.

Einige kurze Infos noch vorweg. Vielleicht wundern Sie sich, weil es in meinem Buch keine klassischen Sättigungsbeilagen gibt. Ich ernähre mich schon seit 2013 moderat kohlenhydratreduziert, da ich Typ-2-Diabetikerin bin und ich als ehemals massiv übergewichtige Person auf meine Figur achten muss. Daher setzte ich sehr auf Gemüse auf meinem Speiseplan und verzichte auf Haushaltszucker. Dazu reagiere ich leider auf Gluten empfindlich, weshalb ich bei Nudeln in der Regel zu Produkten aus Hülsenfrüchten greife. Mehr Ballaststoffe, mehr Eiweiß und mehr Vitamine und Mineralstoffe im Vergleich zu hellen Weizennudeln, und schmecken tun sie auch noch super. Gerne können Sie die Nudeln verwenden, die Ihnen schmecken und die Sie persönlich vertragen. Ich bin da nicht dogmatisch und jeder entscheidet für sich, was er isst. Aber geben Sie den Linsenspaghetti und Co ruhig mal eine Chance. Es gibt sie inzwischen in allen Supermärkten und sie sind wirklich eine echte Bereicherung des Speiseplans.

Genug der Worte, denn es soll hier im Buch in erster Linie um leckere Rezepte mit Feta gehen. Feta-Rezepte, die Sie das ganze Jahr begleiten werden und die immer ein wenig nach Urlaub in der Sonne Griechenlands schmecken.

Ich wünsche Ihnen viel Freude beim Genießen und sehr viele Momente, die einfach nur «fetalicious» sind.

Ihre Bettina Meiselbach

FETA

Gaumenfreude aus Griechenland

FETA – EIN PRODUKT DER GRIECHISCHEN GÖTTER

Feta ist nicht irgendein Käse, sondern vielleicht sogar der älteste Käse der Welt. Glaubt man der griechischen Mythologie, ist Feta ein Geschenk des Gottes Aristaios an die Menschen. Er zeigte ihnen, wie man Käse herstellt.

Tatsächlich wird Schafs- und Ziegenmilch in Griechenland bereits seit Jahrtausenden verwendet und die Herstellung von Fetakäse hat eine lange Tradition. Erstmals schriftlich erwähnt wurde Feta jedoch von einem italienischen Reisenden, dem im Jahr 1494 im Hafen von Candia der in Salzlake-Fässern lagernde weiße Scheibenkäse aufgefallen ist. So kommt es, dass der Name Feta vom Italienischen abstammt, denn das italienische «fetta», was Scheibe heißt, wurde ins Griechische übernommen und der Name Feta bürgerte sich daraufhin für den traditionsreichen Käse ein.

Hierzulande wurde Fetakäse erst vor rund 50 Jahren bekannt – den griechischen Gastarbeitern sei Dank – und ist inzwischen aus unserer heimischen Küche nicht mehr wegzudenken. Unterstützt wurde dies zusätzlich durch die vielen Urlaubsreisen, die wir gerne in Griechenland verbringen, wodurch viele der dortigen Spezialitäten Einzug in unsere Küche gefunden haben, wozu auch der wunderbare Fetakäse gehört.

Es findet sich in unseren Läden heute eine Vielzahl von unterschiedlichen in Scheiben geschnittener Weißkäsesorten. Aber aufgepasst: Oft ist das, was wir für Feta halten, gar kein echter Feta.

FETA, SCHAFSKÄSE UND HIRTENKÄSE! ALLES IRGENDWIE FETA?

Im Kühlregal des Supermarktes oder in der Kühltheke beim Spezialhändler liegen sie in trauter Eintracht nebeneinander. Die typischen eckigen Päckchen oder die losen weißen Scheiben, die in Salzlake gelagert auf Käufer warten. Auf den ersten Blick sieht alles sehr ähnlich aus und man muss schon genauer hinschauen, um die Unterschiede festzustellen. Denn auch wenn die Optik identisch ist, sind Herkunft und Inhaltsstoffe unterschiedlich.

FETA – DAS ORIGINAL

Mit einer Scheibe echtem Feta kaufen Sie immer ein echtes Stückchen Griechenland, denn es handelt sich bei Feta seit dem Jahr 2007 um eine geschützte Ursprungsbezeichnung. Das entschied der Europäische Gerichtshof nach jahrelangem Rechtsstreit. Die verwendete Milch stammt immer von Tieren, die auf dem griechischen Festland oder der Insel Lesbos leben. Die Herstellung muss in traditioneller Weise erfolgen, Konservierungsstoffe oder künstliche Zusätze haben daher im Feta nichts zu suchen. Feta reift nach dem Ausflocken der Milch in Salzlake für mindestens zwei Monate und außer Milch, Bakterienkulturen und Salz kommt nichts in den Käse hinein.

Fetakäse besteht zum größten Teil aus Schafsmilch, allerdings dürfen bis zu 30 Prozent Ziegenmilch untergemischt werden. Geschmacklich ist der Feta sehr intensiv, denn die von den an die kargen griechischen Weidegebieten angepassten Schafs- und Ziegenrassen gewonnene Milch hat einen besonderen Geschmack, der sich im fertigen Fetakäse wiederfindet.

Eine regionale Spezialität, die heute in der ganzen Welt kulinarisch Heimat gefunden hat.

SCHAFSKÄSE – ÄHNLICH, ABER DOCH ANDERS

Häufig ist im Handel Weißkäse erhältlich, der sich einfach Schafskäse nennt. Die Optik ähnlich dem echten Feta, handelt es sich doch um ein anderes Produkt. Für Produkte, die unter dem Namen «Schafskäse» laufen, gelten die Mindeststandards des Fetas nicht. Es können sich dort also unerwünschte Zusatzstoffe finden, oder es kann pulverisierte Milch verwendet werden. Die weißen Schafskäsescheiben kommen oft aus Bulgarien und bestehen aus 100 Prozent Schafsmilch. Gelegentlich wird der Schafskäse auch unter dem Begriff Balkankäse angeboten, was die Verwirrung nicht kleiner macht. Gerade auf Wochenmärkten oder Spezialitätenläden, wo der Weißkäse lose verkauft wird, lohnt es sich daher genau nachzufragen, was für ein Produkt da überhaupt liegt. Reiner Schafskäse ist vom Preis her etwas günstiger als der original Fetakäse, also lassen Sie sich keinen Schafskäse für einen Feta vorgaukeln und stellen Sie die richtigen Fragen nach Herkunft und Zusammensetzung des Weißkäses in der Theke, bevor Sie diesen kaufen.

HIRTENKÄSE – DER MILDE FETA, DER MUHT

Sehr weit verbreitet im Handel ist der wesentlich preisgünstigere Hirtenkäse. Nicht nur die Verpackung sieht fast genauso aus wie die von echtem Feta, auch der Inhalt ist optisch und von der Konsistenz kaum zu unterscheiden. Aber es gibt einen großen Unterschied, denn Hirtenkäse wird aus Kuhmilch hergestellt. Kuhmilch ist im Vergleich zu Schafsmilch oder Ziegenmilch sehr viel günstiger, was sich auch im Endprodukt niederschlägt. Dazu kann die Produktion überall erfolgen, es gibt keinen regionalen Bezug oder zwingende Erfordernis einer räumlich begrenzten Herstellung. Hirtenkäse kann also ein echt deutscher Käse sein, der von unseren heimischen Kuhhirten, auch als Landwirte bekannt, mit Unterstützung von Käseherstellern produziert wird. Hirtenkäse wird häufig auch unter dem Namen Balkankäse verkauft. Schauen Sie beim Balkankäse also immer hin, welche Milch die Grundlage für die Herstellung war, denn es gibt unterschiedliche Produkte, die aus Kuhmilch oder Schafsmilch bestehen können.

Feta und Schafskäse weisen durch die Schafs- und Ziegenmilch einen sehr intensiven Geschmack auf, der vielleicht nicht jedermanns Sache ist. Im Gegensatz dazu ist der Hirtenkäse aus Kuhmilch vom Aroma her mild und unaufdringlich. Am Ende alles Geschmackssache und Sie können für sich entscheiden, was Ihnen schmeckt. Wenn Ihnen der neutrale Geschmack mehr zusagt, dann können Sie in meinen Rezepten statt Feta auch immer zu Hirtenkäse greifen, denn beim Kochen ist der Unterschied fast nicht zu bemerken.

SO GESUND IST FETA

Ist Feta ein gesundes Lebensmittel? Gesund ist immer relativ, aber als Teil einer bunten und ausgewogenen Ernährung mit viel Gemüse und Hülsenfrüchten, ist Feta ein sehr gesunder Baustein in der Ernährung. Jedoch zugespitzt, wenn nur noch Feta als einziges Lebensmittel auf dem Speiseplan stehen würde, dann wäre es eine ungünstige Wahl, denn dazu enthält Feta zu viel Fett und Salz und zu wenige Ballaststoffe, um sich nur daran satt zu essen. Das ist natürlich ein vollkommen unrealistischer Ansatz, also vergessen Sie den direkt wieder. Die gesunde Mischung macht´s und unter diesem Gesichtspunkt ist Feta ein wertvoller Teil einer guten und ausgewogenen Ernährung.

Fetakäse ist ein Lebensmittel mit einer recht hohen Energiedichte. Mein Lieblingsfeta verfügt über 264 Kilokalorien auf 100 Gramm Feta. Dabei enthält der Feta stolze 17 Gramm Eiweiß, üppige 22 Gramm Fett und sparsame 0,5 Gramm Kohlenhydrate. Weil ich gerade schon den Salzgehalt erwähnt habe, will ich diesen nicht verschweigen, denn es sind salzige 2,2 g Salz auf 100 Gramm meines Lieblingsfetas. Wenn Sie also mit Feta kochen, können Sie ruhig zurückhaltend salzen, so viel sei schon mal an dieser Stelle gesagt.

Der Grund dafür, dass Fetakäse so gehaltvoll ist, liegt in erster Linie daran, dass Schafsmilch mehr Eiweiß und doppelt so viel Fett enthält, im Vergleich zur Kuhmilch. Auch bei den Nährstoffen schlägt die Schafsmilch die Kuhmilch deutlich, denn sie punktet als üppige Quelle des Minerals Kalzium und liefert reichlich Vitamin A, C, B2, B12 und Zink.

Fetakäse ist mit dem hohen Gehalt an Eiweiß und Fett wunderbar sättigend und der niedrige Kohlenhydratgehalt lässt Ihren Blutzucker in Ruhe. Da der Feta nur einen kleinen Restanteil an Laktose enthält, ist er auch für laktoseempfindliche Menschen meist gut verträglich, ohne auf Spezialprodukte ausweichen zu müssen. Bitte dabei unbedingt auf die persönliche Laktose-Toleranzgrenze achten, wenn Sie betroffen sind.

Der hohe Fettgehalt des Fetakäses muss Sie nicht erschrecken, denn trotz des üppigen Fettgehaltes ist Fetakäse leicht verdaulich und belastet nicht. Im Vergleich zur Kuhmilch sind die Fett-Tröpfchen der Schafs- und Ziegenmilch nämlich deutlich kleiner und werden dadurch rascher enzymatisch gespalten. Außerdem enthalten Schafs- und Ziegenmilch viele kurz- und mittelkettige Fettsäuren, die vom Darm leicht aufgenommen und insgesamt vom Körper schneller verstoffwechselt werden können.

Menschen, die wegen einer tierartspezifischen Unverträglichkeit mit den Molkeproteinen der Kuhmilch Probleme haben, vertragen Schafs- oder Ziegenmilch häufig beschwerdefrei und es ist oft einen Versuch wert, ob nicht Feta eine verträgliche Alternative ist, um den Speiseplan lecker zu erweitern. Nur wer generell auf Casein allergisch reagiert, muss leider auf den Verzehr von Feta verzichten.

Dazu enthält Fetakäse als relativ kurz gereifter Käse nur eine geringe Menge an Histamin im Vergleich zu vielen lang gereiften Käsesorten und kann damit die Nahrungsmittelauswahl von Menschen ergänzen, die an einer Histaminunverträglichkeit leiden. Bitte auch hier auf die persönliche Toleranzgrenze achten und sich mit kleinen Verzehrmengen herantasten.

FETA – DER ANTI-AGING-KÄSE FÜR EIN LANGES GESUNDES LEBEN

Aphrodite war die griechische Göttin der Liebe und der Schönheit. Ich bin mir sicher, dass Feta der Grund ihres unwiderstehlichen Liebreizes war und nicht irgendein zauberkräftiger Gürtel. Feta hat durch seine reichlich enthaltenen Nährstoffe nämlich ganz eigene Zauberkräfte, denn Fetakäse:

- liefert viel Eiweiß für den Aufbau und den Erhalt der Muskelmasse.
- bietet Kalzium für starke, feste Knochen und für gesunde Zähne.
- enthält viel Vitamin A, das für gesunde Haut und Augen sorgt. Das zur optimalen Aufnahme notwendige Fett ist im Feta sogar schon gleich dabei.
- punktet mit besonders viel der Aminosäure Lysin, die im Körper für Knochenwachstum, Zellteilung und Wundheilung mitverantwortlich ist.
- liefert viel vom Spurenelement Zink, das das Immunsystem pusht und das Wachstum von Haaren und Nägeln unterstützt.
- enthält das Vitamin B12, das für die Zellteilung, Blutbildung und Nervenfunktion gebraucht wird. Wichtig für Vegetarier, die mit Feta den B12-Bedarf decken können.

Die griechische Mythologie muss neu geschrieben werden und Feta muss eine eigene Rolle darin bekommen! Das mit der Mythologie ist natürlich Spaß. Feta ist einfach ein echtes Naturprodukt aus Griechenland, das wunderbar schmeckt und wegen seiner tollen Nährstoffkombination in eine gesunde und ausgewogene Ernährung perfekt passt.

Man sagt den Griechen eine besondere Langlebigkeit nach, wobei ich nicht sagen kann, ob es am guten Olivenöl, am leckeren Feta, dem sonnengereiften Gemüse, dem gesunden Mittelmeerfisch oder an dem mediterran entspannten Lebensstil liegt. Wahrscheinlich eine Mischung aus alldem und wir sollten uns davon eine Scheibe (Feta) abschneiden.

Die Gelegenheit dazu bekommen Sie auf den nächsten Seiten in 55 tollen Rezepten mit Fetakäse. Ich wünsche Ihnen nun viel Freude beim mediterranen Schlemmen.

Kali Orexi
(Guten Appetit)

55 grandiose Schlemmerrezepte mit aromatischem Fetakäse

WICHTIGE INFORMATIONEN:

Die Anzahl der Portionen variieren von Rezept zu Rezept. Die genauen Angaben finden Sie beim jeweiligen Rezept. Natürlich können Sie die Mengen erhöhen und reduzieren, wenn mehr oder weniger Esser am Tisch sitzen.

Beim Einkauf und Zubereitung beachten:

Bei den Gemüsemengen handelt es sich bei den Grammangaben immer um bereits geputzte, geschälte und kochfertig vorbereitete Mengen. Kaufen Sie je nach Produkt immer etwas mehr und größer ein, damit nach der Vorbereitung in etwa die korrekte Menge zur Verfügung steht. Bei Stückware steht immer die ungefähre Größe dabei, also ob das Gemüse klein, mittelgroß oder groß sein soll.

Folgende Abkürzungen werden in den Rezepten verwendet:

TL – Teelöffel
EL – Esslöffel
Msp. – Messerspitze
ml – Milliliter
g – Gramm
kg – Kilogramm
l – Liter

Information zu den Nährwertangaben:

Bitte berücksichtigen Sie, dass die Nährwerte auf Basis der von mir im Rezept tatsächlich verwendeten Produkte berechnet wurden. Abweichungen und Fehler sind trotz aller Sorgfalt nicht ausgeschlossen.

SUPPEN UND SALATE
mit Feta

Griechische Gemüsesuppe mit Feta

Nährwerte pro Portion:
Kilokalorien: 373, Fett: 18,9 g, Kohlenhydrate: 32,7 g, Eiweiß: 15,0 g

ZUTATEN FÜR 4 PORTIONEN

2 EL Olivenöl
250 g Gemüsezwiebel, gehackt
2 Knoblauchzehen, fein gehackt
2 EL doppelt konzentriertes Tomatenmark
150 g Staudensellerie, geputzt und in dünne Scheiben geschnitten
250 g Karotten, in kleine Würfel geschnitten
250 g Zucchini, in kleine Würfel geschnitten
400 g geschälte Tomaten, aus der Dose, grob zerkleinert
150 g Fenchel, in dünne Streifen gehobelt oder geschnitten
250 g Lauch, in dünne Ringe geschnitten
250 g Süßkartoffel, in kleine Würfel geschnitten
2 TL Thymian, frisch oder getrocknet
1,25 l Gemüsebrühe
Saft von einer halben Bio-Zitrone
180 g Feta, gehackt
2 EL frische Petersilie, gehackt
Salz und Pfeffer

ZUBEREITUNG

In einem großen Suppentopf zwei Esslöffel Olivenöl erhitzen und die Gemüsezwiebelwürfel glasig anbraten. Dann die gehackten Knoblauchzehen untermischen und kurz anschwitzen. Anschließend das Tomatenmark unterrühren und dieses kurz anrösten.

Danach das komplette Gemüse in den Topf geben und dieses kurz durchmischen. Nun noch den Thymian und die Gemüsebrühe zufügen und die Suppe für 8–9 Minuten kochen lassen.

Am Ende noch den Saft von der halben Zitrone zufügen und die Suppe in Schalen anrichten. Dort noch mit den Fetakrümeln und der frisch gehackten Petersilie bestreuen.

TIPP:

Sie mögen keinen Fenchel?
Dann weglassen und von den anderen Gemüsesorten die Mengen erhöhen.

Sommerliche Tzatzikisuppe

Nährwerte pro Portion:
Kilokalorien: 409, Fett: 27,1 g, Kohlenhydrate: 20,7 g, Eiweiß: 20,1 g

ZUTATEN FÜR 3 PORTIONEN

500 g Joghurt, 3,5 % Fett
200 g Griechischer Joghurt, 10 % Fett
200 ml Gemüsebrühe, etwas überwürzt, abgekühlt
2 Knoblauchzehen, gepresst
4 EL Gurkensud, aus einem Glas Gewürzgurken
2 Salatgurken, das Fruchtfleisch ohne Kerne grob geraspelt
2 TL Oregano, frisch oder getrocknet
2 TL Dill, frisch oder TK
150 g Kirschtomaten, geviertelt
100 g Snack-Gurken, gewürfelt
100 g eingelegte grüne Oliven, in kleine Würfel geschnitten
100 g Feta, gehackt
Salz und Pfeffer

ZUBEREITUNG

Den Joghurt mit dem Griechischen Joghurt, der Gemüsebrühe und den gepressten Knoblauchzehen mit einem großen Schneebesen verrühren.

Den Gurkensud, die geraspelten Salatgurken, den Oregano und den Dill unterrühren. Die Tzatzikisuppe mit Salz und Pfeffer abschmecken.

Von der kühlen Suppe in Schalen füllen und die Suppe mit den Kirschtomaten, den gewürfelten Snack-Gurken, den Olivenwürfel und den Fetawürfeln bestreuen.

TIPP:
Nehmen Sie grüne Oliven ohne Stein, dafür mit Kräutern oder Chili eingelegt. Das gibt dem Topping nochmal mehr Geschmack.

Tomatensuppe mit Zucchini und Kräuter-Feta

Nährwerte pro Portion:
Kilokalorien: 378, Fett: 24,1 g, Kohlenhydrate: 25,1 g, Eiweiß: 13,8 g

ZUTATEN FÜR 2 PORTIONEN

1 EL Olivenöl
50 g rote Zwiebel, fein gehackt
200 g Zucchini, ohne Kerne, in Würfel geschnitten
300 g Kirschtomaten, geviertelt
400 ml Gemüsebrühe
330 ml Kirschtomatensoße, aus der Flasche
1 EL doppelt konzentriertes Tomatenmark
½ TL Zuckerersatz (alternativ Haushaltszucker)
100 g Feta, gehackt
2 EL 8-Kräuter-Mischung, frisch oder TK
Salz und Pfeffer

ZUBEREITUNG

In einem Suppentopf einen Esslöffel Olivenöl erhitzen und die Zwiebelwürfel darin glasig anschwitzen. Dann die Zucchiniwürfel und die geviertelten Kirschtomaten zufügen und beides für 2–3 Minuten braten. Anschließend den Topfinhalt mit der Gemüsebrühe ablöschen, die Kirschtomatensoße, das Tomatenmark und den Zuckerersatz unterrühren. Die Suppe nun für 5–6 Minuten köcheln lassen.

In der Zwischenzeit den gehackten Feta mit der 8-Kräuter-Mischung vermengen.

Die Tomatensuppe am Ende mit Salz und Pfeffer abschmecken. In tiefen Tellern anrichten und den Kräuter-Feta darüber streuen.

TIPP:

Wenn die Kirschtomatensoße fehlt, dann 300 ml passierte Tomaten verwenden und 30 ml (zuckerfreies) Ketchup ergänzen.

Puszta-Tomaten-Paprika-Suppe mit Thymian-Feta

Nährwerte pro Portion:
Kilokalorien: 353, Fett: 19,9 g, Kohlenhydrate: 25,2 g, Eiweiß: 15,2 g

ZUTATEN FÜR 3 PORTIONEN

1 EL Olivenöl
85 g rote Zwiebel, gehackt
1 Knoblauchzehe, gehackt
250 g rote Paprika, in Würfel geschnitten
125 g orangene Paprika, in Würfel geschnitten
300 g Kirschtomaten, geviertelt
500 ml Gemüsesaft (aus dem Supermarkt)
150 ml Gemüsebrühe
2 EL doppelt konzentriertes Tomatenmark
1 TL Zuckerersatz (alternativ Haushaltszucker)
2 TL edelsüßes Paprikapulver
180 g Feta, gehackt
1 TL Thymian, frisch oder getrocknet
1 Glas Puszta-Salat (190 g Abtropfgewicht), abgetropft
Salz und Pfeffer

ZUBEREITUNG

In einem größeren Suppentopf einen Esslöffel Olivenöl erhitzen und die Zwiebelwürfel glasig anbraten. Die gehackte Knoblauchzehe zufügen und kurz mit den Zwiebelwürfeln anrösten.

Dann die roten und orangenen Paprikawürfel untermischen und kurz danach noch die geviertelten Kirschtomaten in den Topf geben. Nun alles mit dem Gemüsesaft und der Gemüsebrühe ablöschen und noch das Tomatenmark, den Zuckerersatz und das Paprikapulver zur Suppe geben. Die Suppe für 10 Minuten kochen lassen.

Während die Suppe kocht, den gehackten Feta mit dem Thymian mischen.

Jetzt noch den abgetropften Puszta-Salat zur Suppe geben und diese mit Salz und Pfeffer abschmecken. Die fertige Suppe in Schalen anrichten und dort mit dem Thymian-Feta bestreuen.

TIPP:

Gemüsesaft bekommen Sie im Supermarkt in Flaschen oder im Tetrapak zu kaufen. Als Zuckerersatz empfehle ich Ihnen Xylit oder Erythrit, die beide aussehen wie echter Zucker.

Weintrauben-Fetasalat

Nährwerte pro Portion:
Kilokalorien: 486, Fett: 37,8 g, Kohlenhydrate: 15,9 g, Eiweiß: 17,9 g

ZUTATEN FÜR 2 PORTIONEN

150 g rote kernlose Trauben, längs halbiert
150 g Salatmischung
150 g Feta, in Würfel geschnitten
40 g Walnüsse, gehackt

Für das Dressing:
1 EL heller Balsamico-Essig
2 TL Olivenöl
1 EL Frischkäse
2 EL Wasser
½ TL Zuckerersatz (alternativ Haushaltszucker)
1 TL 8-Kräuter-Mischung, frisch oder getrocknet
Salz und Pfeffer

ZUBEREITUNG

Die Zutaten für den Salat in einer größeren Schüssel vermengen. Einen Teil der gehackten Walnüsse zurückbehalten.

Das Dressing für den Salat mit einem Schneebesen anrühren und dann unter den Salat heben.

Den Salat anrichten und noch mit dem Rest der gehackten Walnüsse bestreuen.

TIPP:

Probieren Sie den Salat doch ruhig auch einmal mit Himbeeren oder Heidelbeeren, denn beide Früchtchen harmonieren wunderbar mit Feta.

Jeden-Tag-Feta-Salat

Nährwerte pro Portion:
Kilokalorien: 436, Fett: 28,1 g, Kohlenhydrate: 27,6 g, Eiweiß: 20,4 g

ZUTATEN FÜR 2 PORTIONEN

300 g Kirschtomaten, halbiert
1 große Salatgurke, ohne Kerne, in Stücke geschnitten
125 g orangene Paprika, in Würfel geschnitten
150 g Kidneybohnen, aus der Dose, abgespült und abgetropft (Abtropfgewicht)
100 g Feta, gewürfelt
30 g Walnüsse, gehackt

Für das Dressing:
40 g Kräuterfrischkäse
1 EL Gurkensud, aus einem Glas Gewürzgurken
½ TL Currypulver
2 TL Dill, frisch oder TK
Salz und Pfeffer

ZUBEREITUNG

Die Bestandteile für den Salat in eine mittelgroße Schüssel füllen.

Die Zutaten für das Dressing mit einem Schneebesen miteinander verrühren und die Creme unter den Salat heben.

Den fast fertigen Salat für 30 Minuten gekühlt stehen lassen und anschließend durchmischen. Die Flüssigkeit aus dem Salat mischt sich dabei perfekt mit dem cremigen Dressing. Bei Bedarf nochmal mit Salz und Pfeffer abschmecken.

TIPP:

Mein absoluter Lieblingssalat im Sommer. Kidneybohnen mögen Sie nicht? Dann greifen Sie zu Kichererbsen.

Blumenkohl-Rohkostsalat mit Feta und Pistazien

Nährwerte pro Portion:
Kilokalorien: 343, Fett: 23,6 g, Kohlenhydrate: 11,5 g, Eiweiß: 16,7 g

ZUTATEN FÜR 4 PORTIONEN

600 g Blumenkohl, grob geraspelt
75 g rote Zwiebel, in feine Würfel geschnitten
1 Bund Radieschen, in Scheiben geschnitten
150 g Snack-Gurken, in Scheiben geschnitten
150 g rote Paprika, in kleine Würfel geschnitten
180 g Feta, gewürfelt
2 EL Petersilie, gehackt
2 EL Schnittlauch, in Röllchen geschnitten
50 g Pistazienkerne, geröstet und gesalzen, grob gehackt (erst am Schluss zufügen)

Für das Dressing:
50 g Bresso (französischer Frischkäse)
1 EL Olivenöl
2 EL Zitronensaft, frisch gepresst
1 TL Zuckerersatz (alternativ Haushaltszucker)
1 TL mittelscharfer Senf
Salz und Pfeffer

ZUBEREITUNG

Die Zutaten für den Salat in eine große Schüssel füllen. Das Dressing mit einem Schneebesen anrühren und dann unter den Salat heben. Den Salat für 2-3 Stunden ziehen lassen. Am Ende nochmal mit Salz und Pfeffer abschmecken und die gehackten Pistazien untermischen.

Das Dressing kommt einem erst mal etwas dick und wenig vor. Aber die Radieschen und die Gurken geben im Salat Flüssigkeit ab und so wird beim Durchmengen am Ende eine passende Mischung daraus.

TIPP:

Roher Blumenkohl ist für Sie schwer verträglich? Dann rösten Sie den geraspelten Blumenkohl vorweg im Backofen für 15 Minuten bei 180 °C Umluft und lassen Sie diesen dann abkühlen.

Zudelsalat Schlemmender Zeus

Nährwerte pro Portion:
Kilokalorien: 501, Fett: 33,7 g, Kohlenhydrate: 25,7 g, Eiweiß: 20,5 g

ZUTATEN FÜR 3 PORTIONEN

1 EL Olivenöl
600 g Zucchini, in Spaghetti geschnitten
125 g orangene Paprika, in Streifen geschnitten
75 g rote Zwiebel, fein gehackt
200 g Kirschtomaten, halbiert
150 g grüne, scharf eingelegte Oliven, geviertelt
240 g weiße Riesenbohnen (Gigantes), aus der Dose (Abtropfgewicht)
150 g Feta, gewürfelt

Für das Dressing:
1 EL Olivenöl
2 EL heller Balsamico-Essig
80 g Griechischer Joghurt, 10 % Fett
1 Knoblauchzehe, gepresst
1 TL Oregano, frisch oder getrocknet
2 TL Dill, frisch oder TK
½ TL Zuckerersatz (alternativ Haushaltszucker)
Salz und Pfeffer

ZUBEREITUNG

In einem Topf einen Esslöffel Olivenöl erhitzen und die Zucchinispaghetti für 2–3 Minuten braten. Die Zudeln in ein Küchensieb geben und dort abkühlen lassen. Dabei tropft etwas überschüssiges Wasser weg.

Die Zutaten für den Salat in eine große Salatschüssel füllen und durchmischen.

Das Dressing mit einem Schneebesen anrühren und dann unter den Salat heben. Zum Schluss nochmal den fertigen Salat mit Salz und Pfeffer abschmecken.

TIPP:

Falls Sie keinen Spiralschneider für die Zucchinispaghetti besitzen, dann schneiden Sie die Zucchini mit dem Sparschäler in lange dünne Streifen.

Rote-Bete-Feta-Feldsalat

Nährwerte pro Portion:
Kilokalorien: 430, Fett: 31,7 g, Kohlenhydrate: 17,6 g, Eiweiß: 15,8 g

ZUTATEN FÜR 2 PORTIONEN

250 g rohe Rote Bete, grob geraspelt
75 g rote Zwiebel, gehackt
125 g Gewürzgurken, aus dem Glas, gewürfelt
150 g Hirtenkäse oder Feta, in Würfel geschnitten
100 g Feldsalat
2 EL Olivenöl
1 EL heller Balsamico-Essig
1 EL Gurkensud, aus dem Glas Gewürzgurken
Salz und Pfeffer

ZUBEREITUNG

Die Zutaten für den Salat in einer großen Schüssel mischen.

Das Olivenöl, den Balsamico-Essig und den Gurkensud mit einem Schneebesen verrühren und die Mischung mit Salz und Pfeffer würzen. Das Dressing unter den Salat heben und alles nochmal mit Salz und Pfeffer abschmecken.

TIPP:

Mir persönlich schmeckt zur erdigen Roten Bete der mildere Hirtenkäse etwas besser, aber entscheiden Sie selbst.

Süßkartoffel-Paprikasalat mit Feta

Nährwerte pro Portion:
Kilokalorien: 500, Fett: 26,0 g, Kohlenhydrate: 52,4 g, Eiweiß: 12,8 g

ZUTATEN FÜR 4 PORTIONEN

900 g Süßkartoffeln, in 1-2 cm große Würfel geschnitten
400 g rote Spitzpaprika, in 2 cm große Stücke geschnitten
2 EL Olivenöl
200 g Feta, gehackt
3 EL Basilikumblätter, in Streifen geschnitten

Für das Salatdressing:
2 EL Olivenöl
1 EL Zitronensaft, frisch gepresst
½ TL Thymian, frisch oder getrocknet
Salz und Pfeffer

ZUBEREITUNG

Den Backofen auf 180 °C Umluft vorheizen.

Die Süßkartoffelwürfel und die Spitzpaprikastücke jeweils getrennt mit einem Esslöffel Olivenöl mischen. Die Süßkartoffelwürfel auf einem Backblech verteilen und diese für insgesamt 30 Minuten im Ofen rösten.

Nach 20 Minuten Backzeit der Süßkartoffeln die Paprikastücke über den Süßkartoffelwürfeln verteilen und das Gemüse gemeinsam für die letzten 10 Minuten im Ofen backen.

Das geröstete Gemüse abkühlen lassen. In der Zwischenzeit das Salatdressing mit einem Schneebesen anrühren und mit Salz und Pfeffer abschmecken.

Das Ofengemüse in eine große Salatschüssel füllen und das Dressing untermischen. Zum Schluss dann noch den gehackten Feta und die Basilikumblätter unterheben.

TIPP:

Süßkartoffeln sind Ihnen zu mächtig oder schmecken nicht? Dann probieren Sie Blumenkohl und rösten Sie für den Salat Blumenkohlröschen und Spitzpaprika.

Griechischer Nudelsalat

Nährwerte pro Portion:
Kilokalorien: 517, Fett: 24,6 g, Kohlenhydrate: 40,7 g, Eiweiß: 27,8 g

ZUTATEN FÜR 4 PORTIONEN

250 g Rote-Linsen-Spirelli
150 g Snack-Gurken, in Scheiben geschnitten
300 g Kirschtomaten, halbiert
100 g rote Zwiebel, gewürfelt
125 g rote Paprika, gewürfelt
125 g orangene Paprika, gewürfelt
150 g grüne, pikant eingelegte Oliven, in Scheiben geschnitten
180 g Feta, gehackt

Für das Dressing:
100 g Griechischer Joghurt, 10 % Fett
50 g Kräuterfrischkäse
1 Knoblauchzehe, gepresst
1 TL Zuckerersatz (alternativ Haushaltszucker)
2 EL Zitronensaft, frisch gepresst
2 TL Dill, frisch oder TK
1 TL Oregano, frisch oder getrocknet
Salz und Pfeffer

ZUBEREITUNG

Die Rote-Linsen-Spirelli nach Packungsangabe in Wasser kochen, in einem Küchensieb abgießen und abkühlen lassen.

Die Zutaten für den Salat in einer großen Schüssel mischen. Das Dressing mit einem Schneebesen anrühren und dann unter den Salat heben.

Den Salat gekühlt für 1–2 Stunden durchziehen lassen und vor dem Servieren mit Salz und Pfeffer abschmecken.

TIPP:

Linsennudeln sind nicht Ihr Geschmack? Dann greifen Sie zu Ihren Lieblingsnudeln, ganz wie es Ihnen gefällt.

Avocado-Feta-Tomatensalat

Nährwerte pro Portion:
Kilokalorien: 436, Fett: 38,9 g, Kohlenhydrate: 15,5 g, Eiweiß: 12,1 g

ZUTATEN FÜR 2 PORTIONEN

150 g Avocado, das Fruchtfleisch in Würfel geschnitten
500 g Kirschtomaten, halbiert
100 g Feta, gewürfelt
1 EL Zitronensaft, frisch gepresst
4 TL Olivenöl
1 EL Dill, frisch oder TK
Salz und Pfeffer

ZUBEREITUNG

Die Zutaten alle gemeinsam in einer Salatschüssel mischen und mit Salz und Pfeffer abschmecken.

TIPP:

Ersetzen Sie doch den Zitronensaft durch dunklen Balsamico-Essig, dann bekommt der leckere einfache Salat einen anderen Twist.

Feta-Radieschen-Eisbergsalat mit Avocado

Nährwerte pro Portion:
Kilokalorien: 517, Fett: 44,0 g, Kohlenhydrate: 9,0 g, Eiweiß: 18,7 g

ZUTATEN FÜR 2 PORTIONEN

1 Bund Radieschen, in Scheiben geschnitten
etwas Salz
200 g Eisbergsalat, in Streifen geschnitten
150 g Avocado, gewürfelt
150 g Feta, gewürfelt

Für das Dressing:
100 g Joghurt, 3,5 % Fett
1 EL Zitronensaft, frisch gepresst
1 EL Olivenöl
1 TL Zuckerersatz (alternativ Haushaltszucker)
2 TL Dill, frisch oder TK
Salz und Pfeffer

ZUBEREITUNG

Die Radieschenscheiben leicht salzen und dann für 10 Minuten in einem Küchensieb abtropfen lassen.

Die Zutaten für den Salat in eine größere Schüssel füllen.

Alle Zutaten für das Dressing mit einem Schneebesen verrühren und dann unter den Salat mischen.

TIPP:

Gerne können Sie den Salat mit Tomaten, Paprika oder Karotten auch farbenfroher zubereiten. Mischen Sie, was Ihnen schmeckt und gerade Saison hat.

Griechischer Kohlrabisalat

Nährwerte pro Portion:
Kilokalorien: 503, Fett: 37,5 g, Kohlenhydrate: 21,8 g, Eiweiß: 14,8 g

ZUTATEN FÜR 4 PORTIONEN

900 g Kohlrabi, in 1 cm große Würfel geschnitten
500 ml Gemüsebrühe
150 g orangene Paprika, in Würfel geschnitten
150 g rote Paprika, in Würfel geschnitten
85 g rote Zwiebel, fein gehackt
100 g grüne Peperoni, aus dem Glas, in Streifen geschnitten
200 g Kirschtomaten, halbiert
200 g Snack-Gurken, in Würfel geschnitten
150 g grüne Oliven, pikant eingelegt, in Würfel geschnitten
75 g Griechischer Joghurt, 10 % Fett
1 TL heller Balsamico-Essig
100 g Mayonnaise, 80 % Fett
150 g Feta, gehackt
1 Knoblauchzehe, gepresst
1 TL Zuckerersatz (alternativ Haushaltszucker)
2 TL Dill, frisch oder TK
1 TL Oregano, frisch oder getrocknet
Salz und Pfeffer

ZUBEREITUNG

Die Kohlrabiwürfel für 8–10 Minuten in der Gemüsebrühe kochen, in einem Küchensieb abgießen und anschließend abkühlen lassen.

Alle Zutaten für den Salat in einer großen Schüssel gut durchmischen und den Salat mit Salz und Pfeffer abschmecken. Für mehrere Stunden durchziehen lassen.

TIPP:

Der griechische Kohlrabisalat ist der perfekte Salat für eine Grillparty. Mit dem hohen Gemüseanteil passt er klasse zu Fleisch und Fisch. Als Beilagensalat reicht die Menge dann für 6-8 Personen.

Orientalischer Linsensalat

Nährwerte pro Portion:
Kilokalorien: 445, Fett: 26,6 g, Kohlenhydrate: 26,4 g, Eiweiß: 19,3 g

ZUTATEN FÜR 2 PORTIONEN

260 g braune Linsen, verzehrfertig aus der Dose oder dem Beutel (Abtropfgewicht)
150 g Kirschtomaten, geviertelt
150 g Snack-Gurken, in kleine Würfel geschnitten
50 g rote Zwiebel, fein gehackt
100 g Feta, gewürfelt
2 EL Petersilie, gehackt

Für das Dressing:
2 EL Olivenöl
1 EL dunkler Balsamico-Essig
1 Knoblauchzehe, gepresst
1 EL zuckerfreier Ketchup
1 TL Harissa-Gewürzpaste (gibt es im Supermarkt)
Salz und Pfeffer

ZUBEREITUNG

Die Bestandteile für den Salat in eine Schüssel füllen. Die Zutaten für das Dressing mit einem Schneebesen anrühren und dann unter den Salat heben.

Den Salat nun für mehrere Stunden im Kühlschrank durchziehen lassen und am Ende nochmal mit Salz und Pfeffer abschmecken.

TIPP:

Ein toller Pausensalat im Büro. Dann aber besser den Knoblauch weglassen, sonst sitzt man schnell alleine.

FETATRÄUME
mit Fleisch und Fisch

Ofen-Hokkaido mit Chili con Carne und Fetacrumble

Nährwerte pro Portion:
Kilokalorien: 711, Fett: 36,9 g, Kohlenhydrate: 55,4 g, Eiweiß: 39,5 g

ZUTATEN FÜR 4 PORTIONEN

Für den Ofen-Hokkaido:
1,0 kg Hokkaido-Kürbis, mit Schale, in 3–4 cm große Würfel geschnitten
1 TL edelsüßes Paprikapulver
1 TL rosenscharfes Paprikapulver
½ TL Kreuzkümmel, gemahlen
1 EL Olivenöl
Salz und Pfeffer

Für das Chili con Carne:
1 EL Olivenöl
85 g rote Zwiebel, gehackt
1 Knoblauchzehe, gehackt
400 g mageres Rinderhackfleisch
200 g rote Spitzpaprika, gewürfelt
200 g Kirschtomaten, geviertelt
2 EL doppelt konzentriertes Tomatenmark
100 ml zuckerfreier Ketchup
50 g scharfes Ajvar
1 TL Kreuzkümmel, gemahlen
¼ TL Chilipulver
5 g Bitterschokolade (85 % Kakao)
250 g Kidneybohnen, aus der Dose, abgespült und abgetropft
Salz und Pfeffer

Für die Fetacrumble:
180 g Feta, fein gehackt
25 g Haselnüsse, gemahlen

ZUBEREITUNG

Den Backofen auf 180 °C Umluft vorheizen.

Die Kürbiswürfel mit den Gewürzen und dem Olivenöl mischen und mit etwas Salz und Pfeffer würzen. Die gewürzten Hokkaidostücke auf einem mit Backpapier belegten Backblech verteilen und für 20–22 Minuten im Ofen backen.

Für das Chili con Carne einen Topf mit einem Esslöffel Olivenöl erhitzen und die Zwiebelwürfel glasig anbraten. Dann Knoblauch und Hackfleisch zufügen und beides mit den Zwiebelwürfeln braten, bis das Hackfleisch krümelig ist. Nun Spitzpaprika und Kirschtomaten untermischen und alles gemeinsam für 1–2 Minuten braten.

Dann das Tomatenmark, den zuckerfreien Ketchup, das Ajvar, den Kreuzkümmel, das Chilipulver und die Bitterschokolade untermischen und alles gemeinsam für 10 Minuten köcheln lassen. Ganz am Ende noch die Kidneybohnen untermischen und das schnelle Chili mit Salz und Pfeffer abschmecken.

Die fertig gebackenen Kürbisstücke in eine Auflaufform umfüllen und das Chili con Carne darüber verteilen. Dann die gehackten Fetabrösel mit den gemahlenen Haselnüssen mischen und die nussigen Fetacrumble über das Chili und die Kürbisstücke streuen. Anschließend die Auflaufform für weitere 15–20 Minuten im Ofen backen.

TIPP:

Wenn Sie lieber fleischlos genießen, dann tauschen Sie einfach das Rinderhackfleisch gegen einen pflanzlichen Hackersatz nach eigenem Geschmack aus.

Feta-Spinat-Hähnchenbrust mit Butter-Blumenkohlreis

Nährwerte pro Portion:
Kilokalorien: 519, Fett: 28,9 g, Kohlenhydrate: 8,6 g, Eiweiß: 50,7 g

ZUTATEN FÜR 4 PORTIONEN

Für die Feta-Spinat-Hähnchenbrust:
1 EL Olivenöl
75 g Zwiebel, gehackt
150 g TK-Blattspinat (TK-Gewicht) aufgetaut, das Wasser ausgedrückt, grob gehackt
4 kleine Hähnchenbrüste á 150 g, mit Salz und Pfeffer gewürzt
180 g Feta, gehackt
Salz und Pfeffer

Für den Butter-Blumenkohlreis:
1,2 kg Blumenkohl, grob geraspelt
60 g Butter
Salz und Pfeffer

ZUBEREITUNG

Den Backofen auf 180 °C Umluft vorheizen.

In einem kleinen Topf einen Esslöffel Olivenöl erhitzen und die Zwiebelwürfel glasig anbraten. Dann den gehackten Blattspinat untermischen und mit Salz und Pfeffer würzen. Das Gemüse vom Herd nehmen und kurz abkühlen lassen.

Die Hähnchenbrüste längs einschneiden, etwa 2–3 cm tief. Den Schnitt etwas auseinander drücken. Die 4 Hähnchenbrüste in eine Ofenform legen.

Nun den gehackten Feta unter die Zwiebel-Spinat-Mischung rühren und den Mix dann auf den eingeschnittenen Hähnchenbrüsten verteilen.

Den geraspelten Blumenkohl in eine große Ofenform füllen. Den Blumenkohl und die Hähnchenfilets gleichzeitig in den Backofen geben und für 25 Minuten backen. Dabei den Blumenkohl nach 18 Minuten einmal durchmischen.

Nach der Ofenzeit beide Formen aus dem Backofen nehmen. Die Butter und etwas Salz und Pfeffer unter den Blumenkohlreis mischen und diesen gemeinsam mit den gefüllten Hähnchenbrüsten anrichten.

TIPP:

Sie können den Blumenkohlreis auch wunderbar mit Mandelmus oder einem Pesto aufwerten, wenn die Butter gerade aus ist.

Brotloser Burger mit Paprika-Feta-Gemüse

Nährwerte pro Portion:
Kilokalorien: 620, Fett: 42,0 g, Kohlenhydrate: 14,8 g, Eiweiß: 42,6 g

ZUTATEN FÜR 2 PORTIONEN

Für das Salatbett:
100 g Radieschen, in Scheiben geschnitten
125 g Blattsalatmischung oder Romana-Salat, in Streifen geschnitten
150 g Kirschtomaten, halbiert

Für das Dressing:
2 TL dunkler Balsamico-Essig
25 g Kräuterfrischkäse
2 EL Wasser
Salz und Pfeffer

Für das Paprika-Feta-Gemüse:
2 TL Olivenöl
125 g rote Paprika, in Streifen geschnitten
125 g orangene Paprika, in Streifen geschnitten
50 ml zuckerfreier Ketchup
1 TL mittelscharfer Senf
1 TL Thymian, frisch oder getrocknet
90 g Feta, gewürfelt
Salz und Pfeffer

Für die Burger-Patties:
10 ml Rapsöl
300 g mageres Rinderhackfleisch, nur mit Salz und Pfeffer gewürzt, zu Patties geformt

ZUBEREITUNG

Auf 2 tiefen Tellern die Zutaten für das Salatbett verteilen und das Salatdressing mit einem Schneebesen anrühren. Das Salatdressing über dem Salat verteilen.

In einem kleinen Topf zwei Teelöffel Olivenöl erhitzen und die Paprikastreifen für 2–3 Minuten braten. Das zuckerfreie Ketchup, den Senf und den Thymian untermischen und die Paprikapfanne mit Salz und Pfeffer abschmecken. Am Ende noch die Fetawürfel unterheben und das Gemüse kurz stehen lassen.

Eine Pfanne mit dem Rapsöl erhitzen und die Burger-Patties 2–3 Minuten von jeder Seite braten.

Anschließend die gebratenen Patties auf den Salat legen und das Paprika-Feta-Gemüse über dem Fleisch verteilen.

TIPP:

Wenn Sie die Burger-Patties nicht selbst machen wollen, dann greifen Sie zu vorbereiteter Ware aus dem Supermarkt, die es frisch und tiefgekühlt zu kaufen gibt. Bei gefrorenen Patties darauf achten, dass die Bratzeit verlängert werden muss. Alternativ funktionieren natürlich auch Veggie-Burger-Patties, wenn Sie sich fleischlos ernähren.

Orient-Moussaka mit Feta

Nährwerte pro Portion:
Kilokalorien: 683, Fett: 46,7 g, Kohlenhydrate: 26,0 g, Eiweiß: 35,6 g

ZUTATEN FÜR 4 PORTIONEN

1,2 kg Auberginen, in Würfel geschnitten
4 EL Olivenöl
180 g Feta, gehackt

Für die Hackfleischsoße:
1 EL Olivenöl
85 g rote Zwiebel, gehackt
2 Knoblauchzehen, fein gehackt
400 g mageres Rinderhackfleisch (alternativ vegetarischer Hackersatz)
1 rote Paprika, in Würfel geschnitten
1 orangene Paprika, in Würfel geschnitten
150 g Staudensellerie, geputzt, in kleine Würfel geschnitten
400 g Kirschtomaten, geviertelt
330 ml Kirschtomatensoße, aus der Flasche
2 EL doppelt konzentriertes Tomatenmark
2 TL edelsüßes Paprikapulver
1 TL gemahlener Kreuzkümmel
¼ TL gemahlener Zimt
1 TL Thymian, frisch oder getrocknet
1 TL Oregano, frisch oder getrocknet
1 Msp. Chilipulver
50 ml Hühnerbrühe oder Gemüsebrühe
50 g Frischkäse
Salz und Pfeffer

ZUBEREITUNG

Den Backofen auf 180 °C Umluft vorheizen.

Die Auberginenstücke mit den 4 Esslöffeln Olivenöl mischen und die Stücke auf einem tiefen Backblech verteilen. Die Auberginenstücke für 25–30 Minuten im Backofen rösten.

In einem Topf einen Esslöffel Olivenöl erhitzen und die Zwiebelwürfel für 2–3 Minuten glasig braten. Dann die Knoblauchwürfel zufügen und kurz anrösten. Danach das Hackfleisch in den Topf geben und dieses krümelig braten. Nun die Paprikawürfel und die Staudenselleriewürfel hinzufügen und alles zusammen für 2–3 Minuten rösten. Anschließend die Kirschtomaten, die Kirschtomatensoße, das Tomatenmark, die Gewürze und die Hühnerbrühe untermischen. Alles zusammen für 7–8 Minuten kochen lassen. Dann noch den Frischkäse unterrühren und die fertige Hacksoße kräftig mit Salz und Pfeffer abschmecken.

Die gebackenen Auberginenwürfel in 3 Portionen aufteilen und ⅓ davon in eine Auflaufform füllen. Dann ⅓ von der Hackfleischsoße darüber verteilen. Danach wieder Auberginenwürfel und darauf Hackfleischsoße und so fortfahren, bis der Auflauf geschichtet ist und ganz oben der letzte Teil Hackfleischsoße verteilt ist. Darauf nun den gehackten Feta streuen und die würzige Moussaka für 25 Minuten in den heißen Backofen stellen.

TIPP:

Sie vermissen eine Beilage? Dann reichen Sie zum Orient-Moussaka doch den Blumenkohlreis von Seite 48 oder kochen Sie sich normalen Reis dazu. Dann reicht das Rezept für mehr Portionen/Personen.

Kohlrabipommes-Gyrosblech mit pikantem Dip

Nährwerte pro Portion:
Kilokalorien: 531, Fett: 33,4 g, Kohlenhydrate: 17,0 g, Eiweiß: 37,4 g

ZUTATEN FÜR 4 PORTIONEN

Für das Gyros:
400 g Hähnchenbrust, in Streifen geschnitten
25 ml Olivenöl
1 EL Gyrosgewürz
150 g rote Zwiebeln, in Ringe geschnitten
½ TL rote Currypaste
2 TL doppelt konzentriertes Tomatenmark
Salz und Pfeffer

Für den pikanten Dip:
50 g Griechischer Joghurt, 10 % Fett
25 g Ajvar, scharf oder mild
1 kleine Knoblauchzehe, fein gehackt
75 g rote Paprika, geröstet, süß-sauer eingelegt im Glas, in Würfel geschnitten
50 g Mayonnaise, 80 % Fett
Salz und Pfeffer

Für die Kohlrabipommes:
900 g Kohlrabi, in Pommes geschnitten
1 EL Olivenöl
1 TL rosenscharfes Paprikapulver
Salz und Pfeffer

Für das Finish auf dem Blech:
150 g Kirschtomaten, halbiert
75 g Feta, gehackt
75 g Manchego-Käse, grob gerieben

ZUBEREITUNG

Das Hähnchenfleisch mit dem Olivenöl und dem Gyrosgewürz mischen. Mit Salz und Pfeffer würzen und die Mischung für mindestens 1–2 Stunden gekühlt marinieren.

Die Zutaten für den Dip in eine Schüssel geben und alles gemeinsam pürieren. Zum Schluss mit Salz und Pfeffer abschmecken. Im Kühlschrank bis zum Verzehr ziehen lassen.

Den Backofen auf 180 °C Umluft vorheizen.

In einer größeren Pfanne das Hähnchengyros ohne Zugabe von weiterem Fett anbraten. Nach einigen Minuten die Zwiebelringe zufügen und alles gemeinsam für

7–8 Minuten braten. Dann die rote Currypaste und das Tomatenmark untermischen. Die Gyrospfanne zum Schluss noch mit Salz und Pfeffer abschmecken.

Die Kohlrabipommes mit Küchenpapier abtrocknen. Dann diese in eine Schüssel geben und das Olivenöl und das Paprikapulver untermischen. Auf einem Backblech weitläufig verteilen und so für 15 Minuten in den heißen Ofen schieben.

Nach der Ofenzeit die Kohlrabipommes in der Mitte etwas zusammenschieben und leicht salzen. Darüber die vorbereitete Gyrosmischung und darauf die halbierten Kirschtomaten verteilen. Den krümeligen Feta und den geriebenem Manchego-Käse über das Gericht streuen und anschließend alles gemeinsam im Ofen für weitere 15 Minuten überbacken.

Nun noch das fertige Blechgericht mit dem vorbereiteten Dip servieren.

TIPP:

Statt der Kohlrabipommes können Sie auch gerne Gemüsesticks aus Sellerieknolle, Süßkartoffel, Butternut-Kürbis, Rote Bete oder Karotten verwenden. Nehmen Sie die oder das Gemüse, was Saison hat und Ihnen schmeckt.

Griechischer Hackauflauf

Nährwerte pro Portion:
Kilokalorien: 621, Fett: 41,4 g, Kohlenhydrate: 17,9 g, Eiweiß: 40,6 g

ZUTATEN FÜR 4 PORTIONEN

850 g Blumenkohl, grob geraspelt
400 g mageres Rinderhackfleisch (alternativ vegetarischer Hackersatz)
4 EL Olivenöl
85 g rote Zwiebel, gehackt
2 Knoblauchzehen, fein gehackt
1 TL rote Currypaste
2 TL Gyrosgewürz
250 g Aubergine, gewürfelt
250 g Zucchini, gewürfelt
200 g rote Spitzpaprika, gewürfelt
400 g stückige Tomaten, aus der Dose
1 TL Zuckerersatz (alternativ Haushaltszucker)
150 g Feta, gewürfelt
100 g milder Ziegengouda, in dünnen Scheiben (alternativ geriebener Manchego-Käse)
Salz und Pfeffer

ZUBEREITUNG

Den Backofen auf 180 °C Umluft vorheizen.

Den geraspelten Blumenkohl in eine Ofenform geben. Für 20–25 Minuten im Ofen rösten. Zwischendurch einmal durchmischen, damit die oberen Blumenkohlraspel nicht verbrennen.

Einen Topf erhitzen und das Hackfleisch in einem Esslöffel Olivenöl krümelig anbraten. Die Zwiebelwürfel hinzufügen und glasig dünsten. Dann noch den gehackten Knoblauch, die rote Currypaste und das Gyrosgewürz untermischen und die Hackpfanne mit Salz und Pfeffer würzen. Die gebratene Hackpfanne aus dem Topf nehmen und kurz zwischenlagern.

Die restlichen 3 EL Olivenöl in den warmen Topf geben und die Auberginenwürfel für 4–5 Minuten braten. Die dürfen gerne etwas Farbe bekommen. Nun die Zucchini- und die Spitzpaprikawürfel untermischen und alles gemeinsam für 2–3 Minuten braten. Das Gemüse mit den stückigen Tomaten ablöschen, den Zuckerersatz zufügen und die Gemüsemischung für 5 Minuten köcheln lassen. Dann mit Salz und Pfeffer würzen. Nun die zwischengelagerte würzige Hackfleischmischung zum Gemüse geben und noch die Fetawürfel unterrühren.

In einer großen Auflaufform den gerösteten Blumenkohl und die Hackfleischsoße schichten. Es geht mit Blumenkohlreis los und endet mit Blumenkohlreis. Dann die Scheiben vom Ziegengouda über den Auflauf legen und diesen für 25 Minuten im Ofen überbacken.

TIPP:

Blumenkohlreis ist für Sie zu viel des gesunden Gemüses? Dann kochen Sie sich doch einfach normalen Reis dazu und schichten Sie diesen mit der Hackfleischsoße.

Kürbistizio

Nährwerte pro Portion:
Kilokalorien: 726, Fett: 43,5 g, Kohlenhydrate: 31,3 g, Eiweiß: 45,4 g

ZUTATEN FÜR 5 PORTIONEN

Für die Hackfleischsoße:
1 EL Olivenöl
100 g rote Zwiebel, gehackt
2 Knoblauchzehen, gehackt
600 g mageres Rinderhackfleisch (alternativ vegetarischer Hackersatz)
25 g doppelt konzentriertes Tomatenmark
1 TL Zuckerersatz (alternativ Haushaltszucker)
200 ml trockener Rotwein
400 g geschälte Tomaten, aus der Dose, grob zerkleinert
1 Msp. gemahlener Zimt
1 Lorbeerblatt
Salz und Pfeffer

Für den Auflauf:
1 EL Olivenöl
1,2 kg Butternut-Kürbis, in Spiralen geschnitten (alternativ grob geraspelt)
2 Eier, Größe L
75 g Feta

Für die Béchamelsauce:
400 ml Milch
150 g geriebener Kefalotyri-Käse (alternativ Manchego-Käse)
¼ TL frisch gemahlene Muskatnuss
1 TL Johannisbrotkernmehl (zum Andicken)
2 Eigelb
Salz und Pfeffer

ZUBEREITUNG

Den Backofen auf 180 °C Umluft vorheizen.

In einem Topf einen Esslöffel Olivenöl erwärmen und die Zwiebelwürfel, den gehackten Knoblauch und das Rinderhackfleisch anbraten. Das Tomatenmark und den Zuckerersatz hinzufügen und beides kurz mit anschwitzen. Dann mit dem Rotwein und den Dosentomaten ablöschen. Den gemahlenen Zimt und das Lorbeerblatt zufügen. Die Hackfleischsoße für 30 Minuten kochen lassen. Dann das Lorbeerblatt entfernen und die Soße mit Salz und Pfeffer abschmecken.

In einem weiteren großen Topf einen Esslöffel Olivenöl erhitzen und die Kürbisspiralen oder Kürbisraspel anbraten. Für 5–6 Minuten braten, bis diese bissfest sind. Als Spiralen ist das Volumen groß, daher in 2 Etappen braten. Den gebratenen Kürbis

TIPP:

Der Auflauf wird in Griechenland mit Makkaroni zubereitet und hat den Namen Pastizio. Probieren Sie ihn ruhig auch mal mit Nudeln, sollte gerade keine Kürbiszeit sein.

abkühlen lassen. In der Zwischenzeit die beiden Eier mit dem Feta pürieren und die Creme unter die gebratenen Kürbisspiralen bzw. Kürbisraspel mischen.

Für die Béchamel, die Milch erhitzen. Die Hälfte des Kefalotyri-Käses in der Soße schmelzen lassen. Mit Salz und Pfeffer würzen und die gemahlene Muskatnuss untermischen. Nun mit dem Schneebesen das Johannisbrotkernmehl unterrühren. Am besten durch ein Teesieb in die warme Soße streuen und direkt einrühren. Die Béchamel lauwarm abkühlen lassen und die beiden Eigelbe mit dem Schneebesen einrühren. Nun ⅓ der hellen Béchamel unter die Hackfleischsoße mischen.

Eine große Auflaufform nehmen und den Boden mit den Kürbisnudeln auslegen. Dann die Hälfte der Hackfleischsoße darauf verteilen. Nun wieder von dem Kürbis in die Auflaufform füllen und dann wieder Hackfleischsoße. Der Auflauf schließt am Ende mit einem Rest Kürbisnudeln ab. Darauf die restliche Béchamelsauce geben und den Auflauf mit dem Rest vom Kefalotyri-Käse bestreuen. Anschließend den Auflauf für 35–40 Minuten in den heißen Ofen stellen.

Auberginen-Lahmacun

Nährwerte pro Portion:
Kilokalorien: 535, Fett: 34,4 g, Kohlenhydrate: 19,5 g, Eiweiß: 31,9 g

ZUTATEN FÜR 2 PORTIONEN

2 größere Auberginen, längs halbiert, in der Mitte eingeschnitten und aufgeklappt
1 EL Olivenöl

Für die Füllung:
1 EL Olivenöl
50 g rote Zwiebel, fein gehackt
1 Knoblauchzehe, fein gehackt
200 g mageres Rinderhackfleisch (alternativ vegetarischer Hackersatz)
100 g rote Spitzpaprika, klein gewürfelt
100 g Kirschtomaten, in kleine Stücke geschnitten
50 ml zuckerfreier Ketchup
1 EL doppelt konzentriertes Tomatenmark
1 TL gemahlener Kreuzkümmel
1 TL rosenscharfes Paprikapulver (alternativ türkisches Pul Biber)
1 Msp. Chilipulver (alternativ Pul Biber)
60 g Feta, in kleine Würfel geschnitten
Salz und Pfeffer

ZUBEREITUNG

Den Backofen auf 180 °C Umluft vorheizen.

Die aufgeklappten halbierten Auberginen auf ein Backblech mit Backpapier legen und diese mit einem Esslöffel Olivenöl einpinseln. Anschließend für 25 Minuten im Ofen backen. Danach mit Salz bestreuen.

Während die Aubergine im Ofen ist, in einem kleinen Topf einen Esslöffel Olivenöl erhitzen und die Zwiebelwürfel glasig anbraten. Dann die Knoblauchwürfel zufügen und diese kurz anschwitzen. Anschließend das Hackfleisch in den Topf geben und dieses krümelig braten.

Nun die Paprikawürfel und die kleingeschnittenen Kirschtomaten untermischen. Alles kurz aufkochen lassen und dann den zuckerfreien Ketchup, das Tomatenmark und die Gewürze in den Topf geben. Die Hackfleischsoße für 8–10 Minuten ohne Topfdeckel kochen lassen und final noch mit Salz und Pfeffer abschmecken.

Die gebackenen Auberginenhälften aus dem Ofen nehmen und die würzige Hackfleischsoße auf den Auberginen verteilen. Nun noch mit den Fetawürfeln bestreuen und zurück in den Ofen damit für etwa 10 Minuten.

TIPP:

Nicht jeder mag Aubergine gerne. Sie können mit der würzigen Hackmischung auch sehr gut ausgehöhlte Zucchini oder halbierte Paprikaschoten füllen. Dann entfällt die Vorbackzeit und das roh gefüllte Gemüse bleibt insgesamt 20–25 Minuten im Ofen.

Tomaten-Feta-Nudelpfanne

Nährwerte pro Portion:
Kilokalorien: 515, Fett: 18,9 g, Kohlenhydrate: 47,7 g, Eiweiß: 32,7 g

ZUTATEN FÜR 3 PORTIONEN

250 g Rote Linsen-Spirelli
1 EL Olivenöl
100 g rote Zwiebel, gehackt
4 Sardellen, aus dem Glas, gehackt
2 Knoblauchzehen, gehackt
500 g Kirschtomaten, halbiert
60 ml zuckerfreier Ketchup
2 TL Kapern, aus dem Glas, gehackt
1 EL frischer Rosmarin, gehackt
150 g Feta, gehackt
Salz und Pfeffer

ZUBEREITUNG

Die Rote-Linsen-Spirelli nach Packungsangabe kochen und in einem Küchensieb abgießen.

In einem großen Topf einen Esslöffel Olivenöl erhitzen und die Zwiebelwürfel darin glasig anbraten. Dann die Sardellen und die Knoblauchwürfel zufügen und diese kurz anschwitzen. Nun die Kirschtomaten untermischen und diese für 2–3 Minuten braten.

Anschließend den zuckerfreien Ketchup, die gehackten Kapern und den Rosmarin zu den Tomaten in den Topf geben. Alles gut durchmischen. Nun die vorgekochten Linsennudeln unterheben, alles im Topf mit Salz und Pfeffer abschmecken und zum Schluss noch den gehackten Feta untermischen.

TIPP:

Wenn Sardellen und Kapern nicht auf Ihrer Favoritenliste weit oben stehen, dann mischen Sie doch gehackte schwarze und grüne Oliven unter das Pastagericht.

Gefüllte Spitzpaprika Aphrodite

Nährwerte pro Portion:
Kilokalorien: 439, Fett: 29,4 g, Kohlenhydrate: 21,9 g, Eiweiß: 19,1 g

ZUTATEN FÜR 2 PORTIONEN

4 große rote Spitzpaprika, längs halbiert und die Kerne entfernt
180 g Feta, fein gehackt
4 Sardellen, aus dem Glas, gehackt
2 Knoblauchzehen, fein gehackt
Etwas Chilipulver, nach Geschmack
4 EL frische Petersilie, gehackt
½ TL edelsüßes Paprikapulver
1 EL Olivenöl
Salz und Pfeffer

ZUBEREITUNG

Den Backofen auf 180 °C Umluft vorheizen.

Die roten Spitzpaprika nach oben offen in eine Ofenform legen.

Die Zutaten für die Füllung mischen und dann in den Spitzpaprika verteilen. Nun für 20–25 Minuten im Ofen backen.

TIPP:

Das Rezept ergibt 2 Portionen als Hauptmahlzeit, kann aber auch prima für 4 Personen als Vorspeise zubereitet werden.

Lachs-Schlemmerfilet Feta-Champignons mit Ofenkürbis

Nährwerte pro Portion:
Kilokalorien: 790, Fett: 46,5 g, Kohlenhydrate: 43,4 g, Eiweiß: 47,9 g

ZUTATEN FÜR 2 PORTIONEN

Für das Lachs-Schlemmer-filet:
2 TL Olivenöl
50 g rote Zwiebel, gehackt
200 g Champignons, in Scheiben geschnitten
30 g Kräuterfrischkäse
25 g geröstete und gesalzene Cashewkerne, gehackt
80 g Feta, gehackt
2 x 150 g Lachsfilet, ohne Haut
Salz und Pfeffer

Für den Ofenkürbis:
600 g Hokkaido-Kürbis, in mundgerechte Stücke geschnitten
2 TL Olivenöl
Salz und Pfeffer

ZUBEREITUNG

Den Backofen auf 180 °C Umluft vorheizen.

Zwei Teelöffel Olivenöl in einem kleinen Topf erhitzen und die Zwiebelwürfel glasig anbraten. Dann die Champignonsscheiben zufügen und diese für 2–3 Minuten braten. Anschließend den Kräuterfrischkäse unterrühren und zum Schluss noch die gehackten Cashewkerne und den gehackten Feta unterheben. Alles mit Salz und Pfeffer abschmecken.

Die beiden Fischfilets in eine kleine Auflaufform legen und die Champignonsmischung darüber verteilen.

Die Kürbisstücke in eine Ofenform füllen und zwei Teelöffel Olivenöl und Salz und Pfeffer zufügen.

Die Auflaufform mit den Kürbisstücken in den Ofen stellen. Nach 8–10 Minuten dann noch den Lachs mit den Pilzen für weitere 18–20 Minuten zu den Kürbisstücken in den Ofen stellen.

Wenn Fisch und Ofenkürbis fertig sind, dann gemeinsam auf Tellern anrichten.

TIPP:

Statt Lachs funktioniert auch prima ein weißer Fisch, wie Seelachs oder Kabeljau. Die Backzeit dann auf die Dicke des Fischfilets abstimmen.

Garnelenpfanne Bella Feta

Nährwerte pro Portion:
Kilokalorien: 605, Fett: 24,4 g, Kohlenhydrate: 42,9 g, Eiweiß: 46,2 g

ZUTATEN FÜR 4 PORTIONEN

300 g Rote-Linsen-Spaghetti
2 EL Olivenöl
400 g Garnelen, roh, geschält
75 g rote Zwiebel, fein gewürfelt
2 Knoblauchzehen, fein gehackt
250 g Champignons, in Scheiben geschnitten
500 g Kirschtomaten, halbiert
2 EL doppelt konzentriertes Tomatenmark
1 TL Zuckerersatz (alternativ Haushaltszucker)
50 g Basilikum-Pesto
180 g Feta, gehackt
Salz und Pfeffer

ZUBEREITUNG

Die Rote-Linsen-Spaghetti nach Packungsangabe kochen und dann in einem Küchensieb abgießen.

In einem großen Topf einen Esslöffel Olivenöl erhitzen und die Garnelen für 2–3 Minuten braten. Am Ende mit Salz und Pfeffer würzen und anschließend aus dem Topf nehmen.

Einen zweiten Esslöffel Olivenöl im Topf erhitzen und die Zwiebelwürfel glasig anbraten. Danach die gehackten Knoblauchzehen untermischen und diese kurz mitbraten. Im nächsten Schritt die Champignonsscheiben zufügen und diese für 1–2 Minuten mitbraten. Dann die Kirschtomaten zufügen und alles zusammen für 3–4 Minuten braten.

Danach das Tomatenmark, den Zuckerersatz und das Basilikum-Pesto zufügen und alles gut unterrühren. Zum Schluss noch den gehackten Feta untermischen, die gekochten Spaghetti und die gebratenen Garnelen unterheben und das fertige Essen mit Salz und Pfeffer abschmecken.

TIPP:

Machen Sie das Basilikum-Pesto selbst, oder kaufen Sie eines von guter Qualität, wo hochwertiges Olivenöl nativ extra verarbeitet wurde.

FETALICIOUS

Veggie

Feta-Spitzpaprika aus dem Ofen

Nährwerte pro Portion:
Kilokalorien: 515, Fett: 36,5 g, Kohlenhydrate: 23,9 g, Eiweiß: 21,3 g

ZUTATEN FÜR 2 PORTIONEN

Für das Gemüsebett:
300 g Kirschtomaten, halbiert
200 g Zucchini, ohne Kerne, in Stücke geschnitten
150 g Fenchel, in dünne Scheiben geschnitten oder gehobelt
80 g Kräuterfrischkäse
Salz und Pfeffer

Für die Feta-Spitzpaprika:
400 g rote Spitzpaprika (4 mittelgroße Spitzpaprika)
150 g Feta, längs in 4 lange Streifen geschnitten
1 EL Olivenöl

ZUBEREITUNG

Den Backofen auf 180 °C Umluft vorheizen.

Eine Ofenschale mit dem Gemüse füllen. Den Kräuterfrischkäse in mehreren Klecksen auf dem Gemüse verteilen. Alles mit Salz und Pfeffer würzen.

Bei den roten Spitzpaprika den Deckel mit Grün abschneiden und das Kerngehäuse entfernen. In die nun leeren offenen Spitzpaprika die Fetastücke hineinstecken. Die gefüllten Spitzpaprika auf das Gemüsebett legen. Einen Esslöffel Olivenöl über der Ofenschale verteilen.

Dann die Ofenschale für 25 Minuten in den heißen Backofen stellen.

Anschließend die gefüllten Spitzpaprika aus der Ofenschale nehmen und das Ofengemüse durchrühren, damit sich der Frischkäse verteilt. Das cremige Gemüse mit Salz und Pfeffer abschmecken und anschließend mit den Feta-Spitzpaprika anrichten.

TIPP:

Fenchel ist wunderbar aromatisch und hat einen ganz eigenen Geschmack. Falls nicht passend, dann einfach durch in Streifen geschnittene rote Zwiebeln ersetzen.

Cannellini-Bohnen in Tomatensoße mit Feta

Nährwerte pro Portion:
Kilokalorien: 513, Fett: 29,3 g, Kohlenhydrate: 35,9 g, Eiweiß: 20,4 g

ZUTATEN FÜR 2 PORTIONEN

20 g Pinienkerne
1 EL Olivenöl
50 g rote Zwiebel, gehackt
1 Knoblauchzehe, fein gehackt
300 g Kirschtomaten, halbiert
330 ml Kirschtomatensoße, aus der Flasche
1 EL doppelt konzentriertes Tomatenmark
1 TL Zuckerersatz (alternativ Haushaltszucker)
2 TL Zitronensaft, frisch gepresst
240 g Cannellini-Bohnen, aus der Dose (Abtropfgewicht), abgespült und abgetropft
90 g Feta, gehackt
2 EL frischer Basilikum, in Streifen geschnitten
Salz und Pfeffer

ZUBEREITUNG

Die Pinienkerne in einer Pfanne ohne zusätzliches Fett goldbraun rösten und abkühlen lassen.

In einem Topf einen Esslöffel Olivenöl erhitzen und die Zwiebelwürfel glasig anbraten. Die gehackte Knoblauchzehe zufügen und kurz anschwitzen. Dann die halbierten Kirschtomaten untermischen und kurz darauf den Kirschtomatensaft, das Tomatenmark, den Zuckerersatz und den Zitronensaft unterrühren. Die Tomatensoße für 5–6 Minuten kochen lassen.

Nun noch die Cannellini-Bohnen in die Tomatensoße geben und diese mit Salz und Pfeffer abschmecken.

Die Bohnen-Tomaten-Soße in Schalen anrichten. Darüber den gehackten Feta, das Basilikum und die gerösteten Pinienkerne verteilen.

TIPP:
Wenn Sie keine Cannellini-Bohnen bekommen können, dann nehmen Sie einfach weiße Bohnen aus der Dose.

Süßkartoffel-Zwiebelblech mit Sriracha-Feta

Nährwerte pro Portion:
Kilokalorien: 634, Fett: 28,6 g, Kohlenhydrate: 71,7 g, Eiweiß: 21,9 g

ZUTATEN FÜR 2 PORTIONEN

Für das Süßkartoffel-Zwiebelblech:
600 g Süßkartoffeln, in Würfel geschnitten
300 g rosa oder rote Zwiebeln, in breite Streifen geschnitten
2 TL edelsüßes Paprikapulver
1 EL Olivenöl
Salz und Pfeffer

Für das Topping:
180 g Feta, gehackt
2 EL frische Petersilie, gehackt
2 EL Sriracha-Soße

ZUBEREITUNG

Den Backofen auf 180 °C Umluft vorheizen.

Die Süßkartoffelwürfel und die Zwiebelstreifen in einer Schüssel mit dem Paprikapulver und dem Olivenöl mischen. Etwas Salz und Pfeffer unterheben und dann das gewürzte Gemüse auf einem Backblech mit Backpapier verteilen. Das Gemüse für 25 Minuten im Ofen backen.

In der Zwischenzeit den gehackten Feta, die gehackte Petersilie und die Sriracha-Soße mischen.

Das Gemüseblech aus dem Ofen nehmen. Das Gemüse in der Mitte des Bleches zusammenschieben und darüber die würzige Feta-Mischung verteilen.

Das Blech zurück in den Ofen geben und dort für weitere 15 Minuten backen.

TIPP:

Statt der Süßkartoffel können Sie auch gerne anderes Gemüse nehmen. Saisonaler Kürbis oder kohlenhydratarme Blumenkohlröschen machen sich ebenfalls gut unter dem pikanten Sriracha-Feta-Topping.

Rote-Bete-Karottenmix mit Feta-Mandelkruste

Nährwerte pro Portion:
Kilokalorien: 590, Fett: 38,0 g, Kohlenhydrate: 28,9 g, Eiweiß: 23,2 g

ZUTATEN FÜR 2 PORTIONEN

Für den Rote-Bete-Karottenmix:
400 g Rote Bete, in Sticks geschnitten
400 g Karotten, in Sticks geschnitten
1 EL Olivenöl
Salz und Pfeffer

Für die Feta-Mandelkruste:
150 g Feta, fein gehackt
50 g gemahlene blanchierte Mandeln
2 EL Petersilie, gehackt

ZUBEREITUNG

Den Backofen auf 180 °C Umluft vorheizen.

Die Rote-Bete-Sticks und die Karottensticks mit einem Esslöffel Olivenöl mischen und dann auf einem Blech mit Backpapier verteilen. Das Gemüse für 15 Minuten im Ofen backen.

In der Zwischenzeit die Zutaten für die Feta-Mandelkruste miteinander vermischen.

Wenn das Gemüse soweit ist, dann dieses aus dem Ofen nehmen und in der Mitte etwas zusammenschieben. Die Feta-Mandelkrustenmischung über dem Gemüse verteilen und dann erneut für 15 Minuten im Ofen backen.

TIPP:

Unter der Feta-Mandelkruste können Sie auch gerne anderes Gemüse verstecken. Ganz nachdem, was Ihrem Geschmack entspricht und was gerade Saison hat.

Winterliches Gemüseblech mit Zitronen-Feta

Nährwerte pro Portion:
Kilokalorien: 446, Fett: 29,9 g, Kohlenhydrate: 21,4 g, Eiweiß: 20,2 g

ZUTATEN FÜR 3 PORTIONEN

Für das Gemüseblech:
400 g Rotkohl, geviertelt, ohne Strunk, in schmale Streifen geschnitten
400 g Rosenkohl, geputzt und halbiert, oder große Röschen geviertelt
400 g Butternut-Kürbis, ohne Schale, in Würfel geschnitten
2 EL Olivenöl
Salz und Pfeffer

Für das Topping:
200 g Feta, gehackt
1 EL Olivenöl
2 EL Zitronensaft, frisch gepresst
1 TL Thymian, frisch oder getrocknet
Salz und Pfeffer

ZUBEREITUNG

Den Backofen auf 180 °C Umluft vorheizen.

Das komplette Gemüse in eine große Ofenform geben und dieses mit zwei Esslöffel Olivenöl mischen und mit Salz und Pfeffer würzen.

Nun den gehackten Feta mit dem Olivenöl und dem Zitronensaft vorsichtig in einer Schüssel mischen und dabei Thymian und ein wenig Salz und Pfeffer zufügen.

Die zitronige Fetamischung anschließend über dem Gemüse in der Ofenform verteilen. Nun alles zusammen für 25–30 Minuten im Ofen backen.

TIPP:

Statt Kürbis passen hier auch wunderbar Karottensticks als Ergänzung zum Rosenkohl und Rotkohl.

Gerösteter Blumenkohl mit Knoblauch-Feta-Dip und Grünzeug

Nährwerte pro Portion:
Kilokalorien: 523, Fett: 35,5 g, Kohlenhydrate: 19,9 g, Eiweiß: 21,3 g

ZUTATEN FÜR 2 PORTIONEN

Für den Knoblauch-Feta-Dip:
90 g Feta, gehackt
100 g Joghurt, 3,5 % Fett
½ EL Gurkensud, aus einem Glas Gewürzgurken
1 Knoblauchzehe, gepresst
20 g Mayonnaise, 80 % Fett
2 TL Dill, frisch oder TK
Salz und Pfeffer

Für den gerösteten Blumenkohl:
750 g Blumenkohl, in kleine Röschen zerteilt
2 EL Olivenöl
1 TL edelsüßes Paprikapulver
1 TL rosenscharfes Paprikapulver
1 TL Currypulver
Salz und Pfeffer

Für das Grünzeug:
je 100 g Karotten, Paprika und Snack-Gurken, in Sticks geschnitten

ZUBEREITUNG

Den Backofen auf 180 °C Umluft vorheizen.

Für den Knoblauch-Feta-Dip, den gehackten Feta, den Joghurt, den Gurkensud und die gepresste Knoblauchzehe gemeinsam pürieren. Dann die Mayonnaise und den Dill unterrühren und die Creme mit Salz und Pfeffer abschmecken. Den Dip gerne im Kühlschrank durchziehen lassen, während der Rest des Essens gekocht wird.

Die Blumenkohlröschen mit den Gewürzen und dem Olivenöl vermengen, mit Salz und Pfeffer würzen und dann auf ein Backblech geben. Für 20–25 Minuten im Ofen backen.

Auf zwei tiefe Teller in der Mitte je ein kleines Schälchen stellen mit der Knoblauch-Feta-Creme. Um den Dip herum den gerösteten Blumenkohl und das knackige Grünzeug verteilen und das Gemüse dippen und genießen.

TIPP:

Wenn Sie es feurig scharf mögen, dann rühren Sie doch unter den Dip noch einen Teelöffel Sambal Oelek.

Feta-Spinat-Frühstücksomelett

Nährwerte pro Portion:
Kilokalorien: 474, Fett: 37,3 g, Kohlenhydrate: 4,0 g, Eiweiß: 29,8 g

ZUTATEN FÜR 1 PORTIONEN

120 g gehackter TK-Spinat, aufgetaut und gut abgetropft (TK-Gewicht)
25 g Frischkäse
2 Eier, Größe L
1 TL Olivenöl
60 g Feta, in Würfel geschnitten
Salz und Pfeffer

ZUBEREITUNG

Den Backofen auf 170 °C Umluft vorheizen.

Den abgetropften gehackten Spinat mit dem Frischkäse und den Eiern verquirlen. Die Mischung mit Salz und Pfeffer würzen.

Eine ofenfähige, nicht zu große Pfanne (ca. 24 cm Durchmesser) mit einem Teelöffel Olivenöl auspinseln. Die Pfanne auf dem Herd erhitzen und dann die Eier-Spinatmischung hineingeben. Den Pfanneninhalt für 1–2 Minuten stocken lassen.

Dann die Fetawürfel über dem Omelett in der Pfanne verteilen.

Anschließend die Pfanne für 10–12 Minuten in den heißen Backofen stellen. Danach eine Seite umklappen und das Omelett auf einen Teller gleiten lassen.

TIPP:

Statt neutralem Frischkäse können Sie auch gerne Kräuterfrischkäse verwenden, dann wird es würziger. Falls Sie auf die schlanke Linie achten, dann tauschen Sie doch den Frischkäse durch Magerquark und sparen so einige Fettkalorien ein.

Blitz-Gemüsepfanne Fetalecker

Nährwerte pro Portion:
Kilokalorien: 491, Fett: 36,0 g, Kohlenhydrate: 19,1 g, Eiweiß: 20,6 g

ZUTATEN FÜR 2 PORTIONEN

30 ml Olivenöl
200 g Aubergine, gewürfelt
85 g rote Zwiebel, gehackt
150 g rote Paprika, gewürfelt
150 g orangene Paprika, gewürfelt
200 g Zucchini, ohne Kerne, gewürfelt
150 g Kirschtomaten, halbiert
1 TL Oregano, frisch oder getrocknet
180 g Feta, gehackt
2 TL Kapern, aus dem Glas, gehackt
Salz und Pfeffer

ZUBEREITUNG

In einem größeren Topf das Olivenöl erhitzen und die Auberginenwürfel für 4–5 Minuten braten. Dann die Zwiebelwürfel zufügen und diese mit den Auberginenwürfel glasig anbraten.

Nun das restliche Gemüse und den Oregano zufügen und alles zusammen für 2–3 Minuten braten. Dabei mit Salz und Pfeffer würzen.

In der Zwischenzeit den gehackten Feta mit den gehackten Kapern mischen.

Nun die Feta-Kapernmischung auf dem Gemüse im Topf verteilen und den Topfdeckel schließen. Den Feta auf dem Gemüse für 5 Minuten auf kleinster Hitze auf dem Herd warmwerden lassen.

TIPP:

Falls Sie Kapern nicht leiden können, dann pimpen Sie die mediterrane Pfanne doch mit gehacktem Knoblauch, den Sie mit den Zwiebelwürfeln anbraten sollten.

Linsenspaghetti mit Petersilienpesto und Feta

Nährwerte pro Portion:
Kilokalorien: 681, Fett: 36,7 g, Kohlenhydrate: 45,3 g, Eiweiß: 32,6 g

ZUTATEN FÜR 4 PORTIONEN

Für das Petersilienpesto:
25 g glatte und krause Petersilie gemischt, die Blätter von den Stängeln gezupft
1 Knoblauchzehe, gehackt
30 g Parmesan, gerieben
30 g geröstete Haselnüsse, gehackt
60 ml Olivenöl
Salz und Pfeffer

Für die Spaghettipfanne:
300 g Rote-Linsen-Spaghetti
1 EL Olivenöl
250 g Gemüsezwiebel, gehackt
250 g Karotten, in kleine Würfel geschnitten
250 g Lauch, in dünne Ringe geschnitten
180 g Feta, gehackt
Salz und Pfeffer

ZUBEREITUNG

Die Zutaten für das Petersilienpesto mischen und dann mit einem Pürierstab zerkleinern.

Die Rote-Linsen-Spaghetti nach Packungsangabe kochen und in einem Küchensieb abgießen.

In einem großen Topf einen Esslöffel Olivenöl erhitzen und die Gemüsezwiebelwürfel glasig anbraten. Die Karottenwürfel und die Lauchringe zufügen und das Gemüse für 2–3 Minuten braten. Den Topfdeckel schließen und das Gemüse für 3–4 Minuten auf niedriger Hitze schmoren lassen.

Nun die vorgekochten Linsenspaghetti und das Petersilienpesto unter das Gemüse mischen und zum Schluss den krümeligen Feta unterheben. Das fertige Gericht final mit Salz und Pfeffer abschmecken.

TIPP:
In der Bärlauchsaison sollten Sie unbedingt die Petersilie durch frischen Bärlauch austauschen. Ein tolles Aroma erwartet Sie.

Süßkartoffel-Thymian-Fetaletten

Nährwerte pro Portion:
Kilokalorien: 740, Fett: 36,5 g, Kohlenhydrate: 76,0 g, Eiweiß: 26,4 g

ZUTATEN FÜR 2 PORTIONEN

700 g große Süßkartoffeln, längs in 1 cm dicke Scheiben geschnitten
1 EL Olivenöl
Salz und Pfeffer

Für den Belag:
200 g Kirschtomaten, in kleine Stücke geschnitten
50 ml zuckerfreier Ketchup
125 g Feta, gehackt
2 TL Thymian, frisch oder getrocknet
75 g Manchego-Käse, grob gerieben (alternativ Emmentaler oder Scamorza)
Salz und Pfeffer

ZUBEREITUNG

Den Backofen auf 180 °C Umluft vorheizen.

Die Süßkartoffelscheiben auf ein mit Backpapier bedecktes Blech legen. Die Scheiben dünn mit Olivenöl bepinseln und leicht mit Salz und Pfeffer würzen. Die Süßkartoffelscheiben für 15–18 Minuten im Ofen backen.

In der Zwischenzeit die Zutaten für den Belag verrühren und mit Salz und Pfeffer würzen.

Dann die Tomaten-Feta-Mischung auf den gebackenen Süßkartoffelscheiben verteilen. Nun das Blech zurück in den Backofen geben und die Fetaletten für weitere 15 Minuten backen.

TIPP:

Statt Süßkartoffel eignen sich auch Scheiben vom Butternut-Kürbis oder von Knollensellerie. Auch Steckrübe oder Kohlrabi bieten genug Fläche um Fetaletten zu werden und liefern weniger Kohlenhydrate.

Linsenspaghetti mit Ajvar-Feta-Soße

Nährwerte pro Portion:
Kilokalorien: 586, Fett: 25,9 g, Kohlenhydrate: 51,0 g, Eiweiß: 30,9 g

ZUTATEN FÜR 4 PORTIONEN

300 g Rote-Linsen-Spaghetti
1 EL Olivenöl
75 g rote Zwiebel, gehackt
400 g Paprika, bunt, in Würfel geschnitten
300 g Kirschtomaten, geviertelt
250 g Champignons, geviertelt
100 ml Gemüsebrühe
150 g Saure Sahne, 10 % Fett
100 g Ajvar, mild oder scharf
150 g Feta, gehackt
150 g grüne, in Kräuter eingelegte Oliven, in Ringe geschnitten
Salz und Pfeffer

ZUBEREITUNG

Die Rote-Linsen-Spaghetti in Wasser nach Packungsangabe kochen und in einem Küchensieb abgießen.

In einem großen Topf einen Esslöffel Olivenöl erhitzen und die Zwiebelwürfel glasig anbraten. Die Paprikawürfel zufügen und diese 1–2 Minuten braten. Dann die Kirschtomaten und die Champignons zufügen und alles zusammen für 4–5 Minuten braten.

Nun die Gemüsebrühe, die saure Sahne und das Ajvar unterrühren. Dann den gehackten Feta und die Olivenringe untermischen. Zum Schluss noch die Linsenspaghetti unterheben und das fertige Gericht mit Salz und Pfeffer abschmecken.

TIPP:

Sie wollen es gerne etwas cremiger und noch würziger? Dann tauschen Sie doch die Saure Sahne gegen Schmand mit 24 % Fett aus und mischen Sie am Ende 40 g geriebenen Parmesan unter das Essen.

Feta-Schüttelpizza

Nährwerte pro Portion:
Kilokalorien: 448, Fett: 28,4 g, Kohlenhydrate: 15,6 g, Eiweiß: 31,0 g

ZUTATEN FÜR 3 PORTIONEN

150 g Zucchini, das feste Fleisch grob geraspelt
½ TL Salz
200 g Hüttenkäse / körniger Frischkäse 20 % Fett
125 g Feta, fein gehackt
50 g Parmesan, fein gerieben
3 Eier, Größe M, mit Salz und Pfeffer zu Rührei verquirlt
30 g Haferkleie
100 g rote Paprika, in kleine Würfel geschnitten
100 g rote Zwiebel, gehackt
25 g getrocknete Tomaten (nicht die in Öl), klein geschnitten
1 EL Olivenöl
2 TL Pizzagewürz oder Oregano
Salz und Pfeffer

ZUBEREITUNG

Den Backofen auf 180 °C Umluft vorheizen.

Die Zucchiniraspel salzen und dann für 20 Minuten in einem Küchensieb abtropfen lassen. Anschließend die Zucchiniraspel mit der Hand fest ausdrücken, damit noch mehr Wasser entfernt wird.

Anschließend alle Zutaten – einschließlich der vorbehandelten Zucchiniraspel – in eine große Schüssel geben. Den Deckel drauf und schütteln, was das Zeug hält. Alternativ alle Zutaten in eine Schüssel geben und diese mit der Küchenmaschine oder in Handarbeit gut durchrühren.

Die Schüttelpizza-Mischung auf einem mit Backpapier bedeckten Blech über die ganze Fläche dünn verteilen und glattstreichen. Die Schüttelpizza nun für 30 Minuten im Ofen backen und anschließend in Stücke schneiden.

TIPP:

Sie wollen fleischige Verstärkung? Dann schneiden Sie 100 g gekochten Schinken in Scheiben in kleine Würfelchen und mischen Sie diese mit in die Masse hinein.

Fetakäs mit Thymian-Musik und Süßkartoffelwürfel

Nährwerte pro Portion:
Kilokalorien: 694, Fett: 37,4 g, Kohlenhydrate: 66,0 g, Eiweiß: 20,1 g

ZUTATEN FÜR 2 PORTIONEN

Für den Fetakäs mit Thymian-Musik:
2 EL trockener Weißwein
2 EL heller Balsamico-Essig
2 EL Olivenöl
1 TL Thymian, frisch oder getrocknet
75 g rote Zwiebel, gewürfelt, in dünne Streifen geschnitten
180 g Feta, in 4 Stücke geschnitten
Salz und Pfeffer

Für die Süßkartoffelwürfel:
600 g Süßkartoffeln, in 2 cm große Würfel geschnitten
1 EL Olivenöl
1 TL edelsüßes Paprikapulver
¼ TL gemahlener Kümmel
Salz und Pfeffer

ZUBEREITUNG

Den Weißwein mit dem Balsamico-Essig und dem Olivenöl mit einem Schneebesen aufschlagen. Den Thymian untermischen und das Dressing mit Salz und Pfeffer abschmecken. Die Zwiebelringe in ein Schälchen füllen und das Dressing auf die Zwiebeln gießen. Die «Musik» nun für 3–4 Stunden im Kühlschrank durchziehen lassen.

Den Backofen auf 180 °C Umluft vorheizen.

Die Süßkartoffelwürfel mit einem Esslöffel Olivenöl, dem Paprikapulver und dem gemahlenen Kümmel mischen und das Gemüse noch mit Salz und Pfeffer würzen. Die Süßkartoffelwürfel auf ein mit Backpapier belegtes Blech geben und dann für 30 Minuten backen.

Die Fetastücke auf einen Teller legen und die Zwiebelstreifen mit Marinade darüber verteilen. Dazu die gebackenen Süßkartoffelwürfel anrichten.

TIPP:

An heißen Tagen schmeckt der Fetakäs mit Thymian-Musik herrlich mit einem schönen Stück Bauernbrot oder zu einem herzhaften Kartoffelsalat.

Bettis Shakshuka

Nährwerte pro Portion:
Kilokalorien: 480, Fett: 34,8 g, Kohlenhydrate: 15,0 g, Eiweiß: 23,9 g

ZUTATEN FÜR 1 PORTIONEN

30 g rote Zwiebel, fein gehackt
1 EL Olivenöl
1 kleine Knoblauchzehe, fein gehackt
½ TL Harissa-Gewürzpaste (gibt es im Supermarkt)
¼ TL gemahlener Kreuzkümmel
¼ TL edelsüßes Paprikapulver
1 Msp. gemahlener Zimt
½ TL Oregano, frisch oder getrocknet
1 TL Zuckerersatz (alternativ Haushaltszucker)
300 g Kirschtomaten, halbiert
2 Eier, Größe M
40 g Feta, in Würfel geschnitten
Salz und Pfeffer

ZUBEREITUNG

Den Backofen auf 150 °C Umluft vorheizen.

In einer ofenfähigen Pfanne mit 24 cm Durchmesser die Zwiebelwürfel in einem Esslöffel Olivenöl glasig andünsten. Dann den gehackten Knoblauch zufügen und diesen kurz mit den Zwiebelwürfel braten.

Anschließend die Harissa-Paste, die ganzen Gewürze und den Zuckerersatz untermischen. Die halbierten Kirschtomaten zufügen und nun die Pfanne für 10 Minuten köcheln lassen. Anschließend kräftig mit Salz und Pfeffer würzen.

Nun vorsichtig die beiden Eier als Spiegelei in die Pfanne schlagen und diese anschließend für 5–6 Minuten in den Backofen stellen. Danach die Pfanne aus dem Ofen nehmen und den gewürfelten Feta über dem Essen verteilen. Zurück in den Ofen mit der gefüllten Pfanne für weitere 3 Minuten. Der Feta soll warm und weich werden, aber nicht bräunen.

TIPP:

Wenn es etwas sättigender werden soll, können Sie auch noch einige tellerfertige braune Linsen unter die Tomatenmischung rühren.

DER BAKED-FETA-
Schlemmerwahnsinn

Baked Tomaten-Champignons-Schinken-Feta mit Kohlrabi

Nährwerte pro Portion:
Kilokalorien: 467, Fett: 27,6 g, Kohlenhydrate: 16,8 g, Eiweiß: 34,0 g

ZUTATEN FÜR 4 PORTIONEN

300 g gekochter Schinken, in Scheiben, in Streifen geschnitten
400 g Kirschtomaten
250 g Champignons, geviertelt
250 g Feta, in 4 Stücke zerteilt
2 EL Olivenöl
1,2 kg Kohlrabi, in kurze Pommes geschnitten
2 TL Oregano, frisch oder getrocknet
Salz und Pfeffer

ZUBEREITUNG

Den Backofen auf 180 °C Umluft vorheizen.

Die Schinkenstreifen in einer großen Ofenform verteilen, darauf die Kirschtomaten, die geviertelten Champignons und die Fetastücke geben. Die beiden Esslöffel Olivenöl über den Zutaten verteilen und alles mit Salz und Pfeffer würzen. Anschließend die Ofenform in den Backofen stellen und so für 25 Minuten backen.

Während der Feta und die Tomaten im Ofen backen, die kurzen Kohlrabisticks in etwas Wasser für 10 Minuten bissfest garen und anschließend in einem Küchensieb abgießen und abtropfen lassen.

Wenn die Ofenzeit um ist, dann die Ofenform aus dem Backofen holen. Nun den Oregano zufügen, dann alles so lange durchrühren, bis der Feta sich schön cremig in der Flüssigkeit der heißen Tomaten verteilt hat. Jetzt noch die vorgekochten Kohlrabistücke unterheben und das Essen final mit Salz und Pfeffer abschmecken.

TIPP:

Zu dem zarten Geschmack von Kohlrabi schmeckt mir milder Hirtenkäse etwas besser. als der geschmacksintensive Feta. Aber entscheiden Sie lieber selbst.

Baked Feta mit Thymian-Fleischbällchen-Spirelli

Nährwerte pro Portion:
Kilokalorien: 650, Fett: 30,7 g, Kohlenhydrate: 40,2 g, Eiweiß: 48,6 g

ZUTATEN FÜR 4 PORTIONEN

250 g Rote-Linsen-Spirelli

Für die Fleischbällchen:
400 g mageres Rinderhackfleisch
1 Ei, Größe L
15 g Haferkleie
2 TL Zwiebelgranulat (aus dem Gewürzregal)
2 TL Thymian, frisch oder getrocknet
Salz und Pfeffer

Für den Baked Feta:
500 g Kirschtomaten
300 g rosa oder rote Zwiebeln, in Streifen geschnitten
150 g Feta, in 3 Stücke zerteilt
1 TL Thymian, frisch oder getrocknet
1 EL Olivenöl
Salz und Pfeffer

Zum Bestreuen:
50 g Feta, gehackt
1 TL Thymian, frisch oder getrocknet

ZUBEREITUNG

Den Backofen auf 180 °C Umluft vorheizen.

Die Rote-Linsen-Spirelli nach Packungsangabe in Wasser kochen und in einem Küchensieb abgießen.

Aus den Zutaten für die Fleischbällchen einen Fleischteig herstellen und dann runde Fleischbällchen mit einem Gewicht von etwa 22–25 g rollen.

Die Kirschtomaten, die Zwiebelstreifen, die Fetastücke und die Fleischbällchen in eine große Ofenform geben. Den Thymian hinzufügen, einen Esslöffel Olivenöl darüber verteilen und den Inhalt der Ofenform leicht salzen und pfeffern. Anschließend für 25 Minuten in den heißen Ofen stellen.

In der Zwischenzeit für das Topping den gehackten Feta mit einem Teelöffel Thymian mischen.

Wenn der Feta im Ofen gebacken ist, dann aus dem Ofen nehmen und alles gut durchrühren. Nun noch die vorgekochten Rote-Linsen-Spirelli unterheben und alles mit Salz und Pfeffer abschmecken.

Zum Schluss noch auf Tellern anrichten und das Essen mit der Feta-Thymian-Mischung bestreuen.

TIPP:

Thymian geht Ihnen inzwischen auf die Nerven? Dann tauschen Sie doch gegen frischen Rosmarin oder gehackte Salbeiblätter. Hauptsache schön aromatisch mediterran.

Gebackene Feta-Fenchel-Tomaten-Linsenspaghetti

Nährwerte pro Portion:
Kilokalorien: 495, Fett: 20,7 g, Kohlenhydrate: 42,0 g, Eiweiß: 29,8 g

ZUTATEN FÜR 4 PORTIONEN

600 g Kirschtomaten
250 g Fenchel, in dünne Streifen geschnitten oder gehobelt
2 EL Olivenöl
200 g Feta, in 4 Stücke zerteilt
300 g Rote-Linsen-Spaghetti
2 TL Oregano, frisch oder getrocknet
Salz und Pfeffer

ZUBEREITUNG

Den Backofen auf 180 °C Umluft vorheizen.

Die Kirschtomaten und die Fenchelstreifen in eine Ofenform füllen und die beiden Esslöffel Olivenöl und Salz und Pfeffer untermischen. Dann die Fetastücke mit in die Ofenschale legen und das Gericht für 25 Minuten im Ofen backen.

In der Zwischenzeit die Rote-Linsen-Spaghetti in Wasser nach Packungsangabe kochen und in einem Küchensieb abgießen.

Wenn das Feta-Ofengemüse soweit ist, dann dieses aus dem Backofen holen. Den Oregano über dem Gemüse verteilen und alles durchrühren, bis der Feta sich verteilt hat. Nun noch die vorgekochten Linsenspaghetti unterrühren und das Essen final mit Salz und Pfeffer abschmecken.

TIPP:

Sie mögen keine Nudeln aus Hülsenfrüchten? Dann verwenden Sie einfach die Nudeln, die Ihnen schmecken. Und wenn es hier am Fenchel hakt, dann passen alternativ auch sehr gut rote und gelbe Paprikastreifen ins Rezept.

Feta-Tomaten-Ofencarbonara

Nährwerte pro Portion:
Kilokalorien: 734, Fett: 38,6 g, Kohlenhydrate: 44,0 g, Eiweiß: 47,6 g

ZUTATEN FÜR 4 PORTIONEN

300 g Rote-Linsen-Spaghetti
500 g Kirschtomaten
250 g rote Zwiebeln, gehackt
250 g Bacon, in Würfel geschnitten
1 EL Olivenöl
200 g Feta, in 4 Stücke zerteilt
4 Eier, Größe L, verquirlt und mit Salz und Pfeffer gewürzt
Salz und Pfeffer

ZUBEREITUNG

Den Backofen auf 180 °C Umluft vorheizen.

Die Rote-Linsen-Spaghetti nach Packungsangabe in Wasser kochen und in einem Küchensieb abgießen.

Die Kirschtomaten, die Zwiebelwürfel und die Baconwürfel in eine Ofenform füllen. Einen Esslöffel Olivenöl untermischen und den Inhalt mit Salz und Pfeffer bestreuen. Die Fetastücke mit in die Ofenform legen und dann alles zusammen für 25 Minuten im Ofen backen.

Anschließend aus dem Backofen nehmen und den Ofen noch nicht ausschalten.

Jetzt die Tomaten, die Zwiebelwürfel und den Bacon mit dem heißen Feta verrühren, bis sich alles gut verbunden hat. Dann noch die vorgekochten Spaghetti und zuletzt das flüssige Rührei untermischen.

Nun die gefüllte Ofenform für weitere 5–6 Minuten in den noch heißen Backofen stellen, bis das Ei gestockt ist. Dann aus dem Ofen nehmen und nochmal durchmischen. Dabei erneut mit Salz und Pfeffer abschmecken.

TIPP:

Sie wollen es einen Ticken gesünder und auf den Bacon verzichten? Dann mischen Sie doch beim Durchrühren der gebacken Feta-Tomaten einfach geräucherte Makrelenstücke unter. Das gibt einen tollen Geschmack und ist dazu noch sehr gesund.

Gebackener Feta mit Aubergine und Garnelen

Nährwerte pro Portion:
Kilokalorien: 560, Fett: 26,3 g, Kohlenhydrate: 37,3 g, Eiweiß: 36,9 g

ZUTATEN FÜR 4 PORTIONEN

500 g Auberginen, in 1–2 cm große Würfel geschnitten
40 ml Olivenöl
250 g Rote-Linsen-Spirelli
500 g Kirschtomaten
200 g Feta, in 4 Stücke geschnitten
1 EL Olivenöl
250 g kleine Garnelen, roh, ohne Schale
1 TL rote Currypaste
2 Knoblauchzehen, gepresst
2 TL Oregano, frisch oder getrocknet
Salz und Pfeffer

ZUBEREITUNG

Den Backofen auf 180 °C Umluft vorheizen.

Eine Ofenform mit den Auberginenstücken befüllen und 40 ml Olivenöl untermischen. Mit Salz und Pfeffer würzen und dann für 20 Minuten in den Ofen stellen.

In der Zwischenzeit die Rote-Linsen-Spirelli nach Packungsangabe in Wasser kochen und in einem Küchensieb abgießen.

Nach den 20 Minuten, die Kirschtomaten und die Fetastücke zu den gebackenen Auberginenwürfeln legen und das Gericht für weitere 20 Minuten in den Ofen stellen.

Währenddessen eine Pfanne mit einem Esslöffel Olivenöl erhitzen und die Garnelen für 1–2 Minuten braten. Dann die rote Currypaste in die Pfanne geben und diese unter die Garnelen mischen. Die Herdplatte ausschalten und die gepressten Knoblauchzehen und den Oregano unter die Garnelen mischen. Die gebratenen Garnelen nun noch mit Salz und Pfeffer würzen.

Die Ofenform aus dem Ofen nehmen. Alles gut durchmischen. Dann die gekochten Linsenspirelli und die gebratenen Garnelen unter die Feta-Tomaten-Auberginen mischen und alles nochmal final mit Salz und Pfeffer abschmecken.

TIPP:

Sollten die Linsennudeln sehr viel Feuchtigkeit aufnehmen, dann einfach ein klein wenig Gemüsebrühe unter das Gericht rühren.

Baked Feta Bolognese mit Spaghetti

Nährwerte pro Portion:
Kilokalorien: 683, Fett: 30,1 g, Kohlenhydrate: 49,0 g, Eiweiß: 49,9 g

ZUTATEN FÜR 4 PORTIONEN

800 g Dosentomaten, grob zerkleinert
200 g Feta, in 4 Stücke geschnitten
300 g Rote-Linsen-Spaghetti
1 EL Olivenöl
400 g mageres Rinderhackfleisch
85 g rote Zwiebel, gehackt
2 Knoblauchzehen, gehackt
2 TL Oregano, frisch oder getrocknet
2 TL Pizzagewürz
2 TL Gemüsebrühepulver
2 TL Zwiebelgranulat (aus dem Gewürzregal)
100 ml zuckerfreier Ketchup
Salz und Pfeffer

ZUBEREITUNG

Den Backofen auf 180 °C Umluft vorheizen.

Die Dosentomaten in eine große Ofenform füllen. Die Fetastücke mit in die Ofenform legen und dann die Form in den Backofen stellen für 25 Minuten.

Die Rote-Linsen-Spaghetti nach Packungsangabe kochen und in einem Küchensieb abgießen.

In einem Topf einen Esslöffel Olivenöl erhitzen und das Rinderhackfleisch krümelig anbraten. Dann die Zwiebelwürfel zufügen und diese mit dem Hackfleisch glasig braten. Anschließend die Knoblauchzehen untermischen und alles gemeinsam für 2–3 Minuten braten.

Nun die Gewürze, das Gemüsebrühepulver und das Zwiebelgranulat unter die Hackpfanne rühren. Jetzt noch den zuckerfreien Ketchup untermischen und die Hackpfanne würzig mit Salz und Pfeffer abschmecken. Es muss etwas überwürzt sein, denn die Mischung würzt nachher das komplette Gericht.

Die Ofenform aus dem Ofen nehmen und die heißen Tomaten mit dem Feta verrühren. Dann die würzige Hackpfanne unter den Feta-Tomaten-Mix rühren. Zum Schluss nun noch die vorgekochten Linsenspaghetti unter die Feta-Bolognesesoße heben.

TIPP:

Falls Sie vegetarisch unterwegs sind, dann können Sie hier auch problemlos zu einem fleischlosen Hackersatz greifen, der Ihnen zusagt.

Baked Feta Linsenspirelli mit Rahmspinat

Nährwerte pro Portion:
Kilokalorien: 430, Fett: 16,2 g, Kohlenhydrate: 37,2 g, Eiweiß: 28,8 g

ZUTATEN FÜR 4 PORTIONEN

450 g TK-Rahmspinat
500 g Kirschtomaten
200 g Feta, in 4 Stücke zerteilt
250 g Rote-Linsen-Spirelli
Salz und Pfeffer

ZUBEREITUNG

Den Backofen auf 180 °C Umluft vorheizen.

Den gefrorenen Block Rahmspinat in eine große Ofenform legen und diesen für etwa eine Stunde bei Zimmertemperatur antauen lassen. Wenn Sie kleine gefrorene Stücke von Rahmspinat haben, dann können Sie diese direkt, ohne Auftauen verwenden.

Die Kirschtomaten und die Fetastücke mit in die Ofenform geben und diese dann in den Backofen stellen und für 25 Minuten backen.

In der Zwischenzeit die Rote-Linsen-Spirelli nach Packungsangabe in Wasser kochen und in einem Küchensieb abgießen.

Wenn die Zeit im Ofen vorbei ist, dann den Feta-Tomaten-Spinat aus dem Ofen nehmen und durchrühren, bis sich alles schön verteilt hat. Nun noch die vorgekochten Linsenspirelli unterrühren und das Essen final mit Salz und Pfeffer abschmecken.

TIPP:

Falls Sie Rahmspinat vom Marktführer kaufen, dann kommt es auf 50 g mehr nicht an und Sie sparen die Auftauzeit, weil diese als "Minis" gefroren verkauft werden.

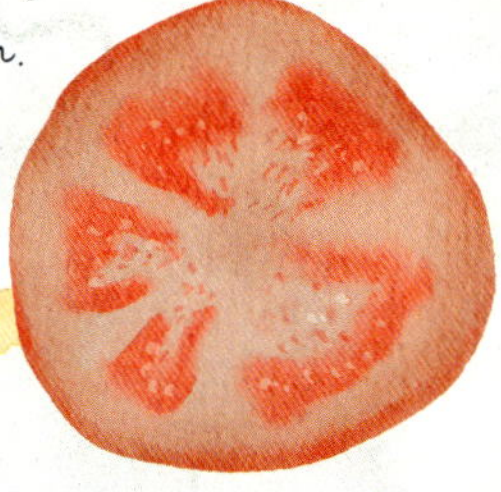

Feta-Tomaten-Spitzkohlmix aus dem Ofen

Nährwerte pro Portion:
Kilokalorien: 439, Fett: 31,3 g, Kohlenhydrate: 15,0 g, Eiweiß: 24,4 g

ZUTATEN FÜR 2 PORTIONEN

400 g Kirschtomaten
600 g Spitzkohl, ohne Strunk, in Streifen geschnitten
1 EL Olivenöl
200 g Feta, in 4 Stücke zerteilt
2 TL Thymian oder Rosmarin, frisch oder getrocknet
Salz und Pfeffer

ZUBEREITUNG

Den Backofen auf 180 °C Umluft vorheizen.

Die Kirschtomaten und den Spitzkohl in eine Ofenform füllen und einen Esslöffel Olivenöl und Salz und Pfeffer untermischen. Dann die Fetastücke mit in die Ofenschale legen und alles gemeinsam für 25 Minuten backen. Zwischendurch die oberen Kohlstreifen etwas wenden, damit nichts verbrennt.

Anschließend die Ofenform aus dem Ofen nehmen und den Thymian bzw. den Rosmarin über dem Essen verteilen. Alles gut durchmischen und noch final mit Salz und Pfeffer abschmecken.

TIPP:

Wenn Sie keinen Spitzkohl zu kaufen bekommen, können Sie auch normalen Weißkohl oder Jaromakohl verwenden. Mit einem untergemischten Pesto können Sie das Rezept zusätzlich nach eigenem Geschmack pimpen.

Gebackenes Feta-Gemüse mit Linsenpasta

Nährwerte pro Portion:
Kilokalorien: 511, Fett: 25,2 g, Kohlenhydrate: 39,3 g, Eiweiß: 26,8 g

ZUTATEN FÜR 4 PORTIONEN

300 g Kirschtomaten
150 g rote Paprika, in 2 cm Würfel geschnitten
150 g orangene Paprika, in 2 cm Würfel geschnitten
200 g Zucchini, ohne Kerne, in Rauten geschnitten
200 g Aubergine, in Würfel geschnitten
50 ml Olivenöl
200 g Feta, in 4 Stücke zerteilt
250 g Rote-Linsen-Spirelli
2 TL Thymian und/oder Rosmarin, frisch oder getrocknet
Salz und Pfeffer

TIPP:

Mischen Sie doch am Ende noch 1-2 Esslöffel Basilikumpesto oder Tomatenpesto unter das vegetarische Feta-Nudelgericht. So bekommt das fertige Essen immer nochmal eine andere geschmackliche Note.

ZUBEREITUNG

Den Backofen auf 180 °C Umluft vorheizen.

Die Kirschtomaten und das kleingeschnittene Gemüse in eine Ofenform füllen und 50 ml Olivenöl und Salz und Pfeffer untermischen. Dann die Fetastücke mit in die Ofenschale legen und das Gericht für 25 Minuten im Ofen backen.

In der Zwischenzeit die Rote-Linsen-Spirelli nach Packungsangabe kochen und in einem Küchensieb abgießen.

Wenn das Ofengemüse soweit ist, dann dieses aus dem Backofen holen. Den Thymian und Rosmarin über dem Gemüse verteilen und dann alles durchrühren, bis der Feta sich verteilt hat. Nun noch die vorgekochten Linsenspirelli unterrühren und das Essen final mit Salz und Pfeffer abschmecken.

Mediterrane Feta-Linsennudeln mit Rosmarin-Seelachs

Nährwerte pro Portion:
Kilokalorien: 605, Fett: 24,4 g, Kohlenhydrate: 39,5 g, Eiweiß: 52,8 g

ZUTATEN FÜR 4 PORTIONEN

500 g Kirschtomaten
300 g Zucchini, in Würfel geschnitten
200 g Fenchel, in dünne Scheiben geschnitten oder gehobelt
2 EL Olivenöl
150 g Feta, in 3 grobe Stücke zerteilt
250 g Rote-Linsen-Spirelli
600 g Seelachsrückenfilet, in 4 Stücke geschnitten
4 TL frischer Rosmarin, gehackt
½ TL Abrieb einer Bio-Zitronenschale
150 g grüne Oliven, in Kräuter eingelegt
Salz und Pfeffer

ZUBEREITUNG

Den Backofen auf 180 °C Umluft vorheizen.

Die Kirschtomaten und das komplette Gemüse in eine Ofenform füllen und einen Esslöffel Olivenöl und Salz und Pfeffer untermischen. Dann die Fetastücke mit in die Ofenschale legen und das Gemüse und den Fetakäse für 25 Minuten backen.

In der Zwischenzeit die Rote-Linsen-Spirelli nach Packungsangabe kochen und dann in einem Küchensieb abgießen.

Eine zweite kleinere Ofenform nehmen und die Fischfilets hineinlegen. Einen Esslöffel Olivenöl mit 2 Teelöffel Rosmarin, dem Zitronenabrieb und Salz und Pfeffer mischen und den Fisch damit einpinseln. Die Oliven mit in die Ofenform geben und den Fisch in den letzten 10 Minuten mit zu dem Feta-Tomaten-Gemüse in den Ofen stellen.

Wenn das Ofengemüse soweit ist, dann dieses aus dem Backofen holen. Den Backofen mit dem Fisch ausschalten und die Resthitze für das Fertiggaren des Fisches nutzen.

Die beiden weiteren Teelöffel Rosmarin zu dem Ofengemüse geben und alles so lange durchrühren, bis der Feta sich cremig verteilt hat. Nun die vorgekochten Linsenspirelli unter die Feta-Tomaten-Gemüsemischung rühren und die Nudelpfanne final mit Salz und Pfeffer abschmecken.

Jetzt auch noch den Fisch mit den Oliven aus dem Ofen nehmen. Die mediterranen Linsenspirelli mit dem Rosmarin-Fisch und den heißen Oliven anrichten.

TIPP:

Statt Seelachs klappt hier auch wunderbar Kabeljau oder etwas fetterer Lachs. Verwenden Sie, was Ihnen schmeckt.

Baked Feta Sommersalat

Nährwerte pro Portion:
Kilokalorien: 488, Fett: 32,7 g, Kohlenhydrate: 18,6 g, Eiweiß: 23,4 g

ZUTATEN FÜR 2 PORTIONEN

650 g Blumenkohl, grob geraspelt
2 EL Olivenöl
200 g Kirschtomaten
150 g Feta, in 3 Stücke zerteilt
200 g Salatgurke, ohne Kerne, gewürfelt
200 g Kirschtomaten, halbiert
1 kleine Knoblauchzehe, gepresst
1 EL heller Balsamico-Essig
1 EL Dill, frisch oder TK
1 EL Petersilie, gehackt
Salz und Pfeffer

ZUBEREITUNG

Den Backofen auf 180 °C Umluft vorheizen.

Den geraspelten Blumenkohl in eine größere Ofenform füllen und einen Esslöffel Olivenöl und etwas Salz und Pfeffer untermischen.

Die ganzen Kirschtomaten und die Fetastücke in eine zweite kleine Ofenform füllen und alles mit einem Esslöffel Olivenöl beträufeln und dazu mit Salz und Pfeffer bestreuen.

Beide Ofenformen gleichzeitig in den Backofen stellen. Den Blumenkohl unten und die Feta-Tomaten oben. Für 25 Minuten backen. Einmal zwischendurch den Blumenkohl durchmischen, damit die oberen Raspel nicht verbrennen.

Die Gurkenstücke in ein Küchensieb füllen und etwas Salz untermischen. Für 10 Minuten stehen lassen und das austretende Wasser abtropfen lassen.

Wenn das Gemüse im Ofen soweit ist, dann beide Ofenformen aus dem Ofen nehmen. Die gebackenen Tomaten mit dem Feta cremig verrühren und die Mischung und den Blumenkohlreis abkühlen lassen.

Nun den Inhalt der beiden Ofenformen in eine große Salatschüssel füllen. Dann die entwässerten Salatgurkenstücke und die halbierten Kirschtomaten zufügen und alles miteinander vermischen.

Für das Dressing, die gepresste Knoblauchzehe und den hellen Balsamico-Essig miteinander verrühren und die Mischung gemeinsam mit den Kräutern unter den Salat heben. Nun den fertigen Salat mit Salz und Pfeffer würzen und dann für 2–3 Stunden gekühlt durchziehen lassen.

TIPP:

Als Beilage, zum Beispiel zum Grillen, reicht der Salat auch für 4 Personen.

Feta-Tomaten-Linsenspirelli mit Blutwurst

Nährwerte pro Portion:
Kilokalorien: 472, Fett: 21,4 g, Kohlenhydrate: 34,4 g, Eiweiß: 31,2 g

ZUTATEN FÜR 4 PORTIONEN

600 g Kirschtomaten
200 g Blutwurst, ohne Pelle, in Würfel geschnitten
150 g Feta, in 3 Stücke zerteilt
250 g Rote-Linsen-Spirelli
2 TL Majoran, frisch oder getrocknet
Salz und Pfeffer

ZUBEREITUNG

Den Backofen auf 180 °C Umluft vorheizen.

Die Kirschtomaten, die Blutwurstwürfel und die Fetastücke in eine große Ofenschale füllen und alles für 25 Minuten backen. Zusätzliches Fett braucht es nicht, denn aus der Blutwurst bäckt genug Fett aus.

In der Zwischenzeit die Rote-Linsen-Spirelli nach Packungsangabe kochen und in einem Küchensieb abgießen.

Wenn die Feta-Tomaten mit der Blutwurst soweit sind, dann die Ofenform aus dem Backofen holen. Den Majoran über dem Essen verteilen und anschließend alles gut durchrühren, bis der Feta und die Blutwurst sich verteilt haben.

Nun noch die vorgekochten Linsennudeln unterrühren und das Essen final mit Salz und Pfeffer abschmecken.

TIPP:

Falls es doch etwas zu trocken geworden ist und die Nudeln mehr Feuchtigkeit brauchen, dann etwas Gemüsebrühe unterrühren.

Feta-Tomaten-Ratatouille mit Lachs

Nährwerte pro Portion:
Kilokalorien: 556, Fett: 38,9 g, Kohlenhydrate: 12,7 g, Eiweiß: 37,5 g

ZUTATEN FÜR 4 PORTIONEN

500 g Auberginen, in Würfel geschnitten
40 ml Olivenöl
500 g Kirschtomaten
300 g Zucchini, ohne Kerne, in Rauten geschnitten
200 g rote Spitzpaprika, in mundgerechte Stücke geschnitten
1 EL Olivenöl
200 g Feta, in 4 Stücke zerteilt
2 TL Kräuter der Provence, frisch oder getrocknet
500 g Lachs, in mundgerechte Stücke geschnitten, mit Salz und Pfeffer gewürzt
Salz und Pfeffer

ZUBEREITUNG

Den Backofen auf 180 °C Umluft vorheizen.

Die Auberginenwürfel mit dem Olivenöl auf einem Backblech mischen und diese für 30 Minuten auf oberer Ebene im Backofen rösten.

In einer großen Ofenform die Tomaten, die Zucchinirauten und die Spitzpaprikastücke mit einem Esslöffel Olivenöl vermengen. Die Fetastücke mit in die Ofenform legen und alles mit Salz und Pfeffer bestreuen. Dann die gefüllte Ofenform unterhalb der Auberginenwürfel platzieren und dort für 20 Minuten backen.

Anschließend das Blech mit den gebackenen Auberginen und die Gemüsemischung mit Feta aus dem Ofen nehmen. Die Feta-Tomaten-Gemüsemischung gut miteinander verrühren und dabei die Kräuter der Provence zufügen. Dann die gebackenen Auberginen unter die Feta-Tomaten-Gemüsemischung heben und alles mit Salz und Pfeffer abschmecken.

Nun noch die Lachsstücke auf dem Gemüse verteilen anschließend die Ofenform für 8–10 Minuten erneut in den Backofen stellen, bis der Fisch saftig gegart ist.

TIPP:

Fisch ist nicht Ihr Ding? Dann schneiden Sie doch Hähnchenoberkeulenfleisch in grobe Stücke und backen Sie das Fleisch direkt mit den Tomaten und dem Feta mit. Als Beilage können Sie auch gerne gekochten Reis anrichten, wenn Ihnen das Essen sonst nackt vorkommt.

Baked Feta mit Chorizo und Zucchini-Nudeln

Nährwerte pro Portion:
Kilokalorien: 613, Fett: 45,1 g, Kohlenhydrate: 17,0 g, Eiweiß: 35,8 g

ZUTATEN FÜR 4 PORTIONEN

400 g Kirschtomaten
375 g Paprika (rot-gelb-grün), in Streifen geschnitten
1 EL Olivenöl
200 g Feta, in 4 Stücke zerteilt
330 g Brat-Chorizo, scharf, in Scheiben geschnitten
¼ TL Safran, gemahlen
1,2 kg Zucchini, in Spaghetti geschnitten
Salz und Pfeffer

ZUBEREITUNG

Den Backofen auf 180 °C Umluft vorheizen.

Die Kirschtomaten und die Paprikastreifen in einer großen Ofenform verteilen. Einen Esslöffel Olivenöl untermischen und das Gemüse mit Salz und Pfeffer würzen. Darauf die Chorizoscheiben und die Fetastücke geben. Anschließend die Ofenform in den Backofen stellen und so für insgesamt 30 Minuten backen.

Die Zucchinispaghetti auf einem tiefen Backblech verteilen und dieses nach 15 Minuten der Backzeit unter die Ofenform mit der Chorizo schieben und beides gemeinsam für weitere 15 Minuten backen.

Wenn die Ofenzeit um ist, dann die Ofenform und das Blech aus dem Backofen holen. Den Safran über die Tomaten-Paprika-Feta-Mischung streuen und dann alles so lange durchrühren, bis sich der Feta schön cremig in der Flüssigkeit der heißen Tomaten verteilt hat.

Jetzt noch die gebackenen Zucchinispagetti unterheben und das Essen final mit Salz und Pfeffer abschmecken.

TIPP:

Es braucht einen Spiralschneider, um die Zucchini in Spaghetti zu schneiden. Alternativ können Sie die Zucchini auch in Scheiben oder Rauten schneiden und diese nach dem Backen untermischen. Statt Brat-Chorizo können Sie auch gerne Paprika-Kabanossi oder türkische Sucuk verwenden.

Danksagung

Nach einer ganzen Reihe von Verlagsbüchern reifte in mir schon lange der Wunsch, es auf eigene Faust zu versuchen und selbst ein Buch zu veröffentlichen. Mein erstes eigenes Buch fand dann im Jahr 2020 den Weg in den Buchhandel. Und hey, es hat richtig Spaß gemacht, in Eigenregie so ein Projekt zu realisieren, und schnell folgten weitere Bücher im Eigenverlag. Immer mit der Unterstützung von Menschen, die mir wichtig sind und denen ich auf diesem Wege danken möchte. Mein besonderer Dank geht an meinen lieben Mann Carsten, dem Feta immer noch nicht aus den Ohren herauskommt und der sich ohne Angst auf jedes kulinarische Abenteuer mit mir einlässt. Mein lieber Schatz, du bist mein Lieblingsmensch und ich danke dir für deine bedingungslose Unterstützung und Liebe.

Des Weiteren geht mein Dank an Norbert Kroth, der mich ungelernte Wortkünstlerin mit seiner schreiberischen Expertise unterstützt hat und hoffentlich fast alle meiner Fehler gefunden hat. Wahrscheinlich habe ich nach der Korrekturschleife doch noch welche eingebaut. Sorry dafür. Ein großer Dank geht an meine liebe Grafikerin Simone Ruths, die schon viele meiner schönen Bücher optisch verzaubert hat und die sich auch im Fetabuch wieder selbst übertroffen hat.

Wer hat's gemacht

ÜBER DIE AUTORIN

Geboren im Jahr der Mondlandung, habe ich im Jahr 2014 mein Leben über den Haufen geworfen. Nach einem Burn-out und einer frisch diagnostizierten Diabetes-Erkrankung, ging es nicht mehr so weiter, wie früher. Als begeisterte Hobbyköchin und mit viel Leidenschaft für die Ernährungswissenschaften ausgestattet, begann ich im Internet den Blog »www. HappyCarb.de« zu schreiben. Als humorvolle Bloggerin und kreative Rezeptentwicklerin durch die positiven Rückmeldungen meiner Leser/innen bestärkt, war der dann folgende Schritt zur Buchautorin nur noch ein kleiner. Inzwischen sind aus meiner Feder eine ganze Reihe von wunderbaren Koch- und Sachbüchern erschienen. Alle Titel sind gefüllt mit der Liebe zur guten Küche und der festen Überzeugung, dass gesunde Rezepte schmecken und glücklich machen.

DIE GRAFIKERIN SIMONE RUTHS

Simone Ruths lebt und arbeitet als freie Designerin in Darmstadt. Unter "rosavision" gestaltet und illustriert sie seit 2010 unter anderem Koch- und Sachbücher wie die Happy Carb Reihe, Viva Mallorca, Ibiza - Vom Auswandern und Kochen u.v.m. für zahlreiche Verlage. Mit Liebe zum Detail verleiht sie verschiedensten Themen Lebendigkeit und visuelle Tiefe. Ihr erstes eigenes Backbuch "Patisserie de luxe" wurde bei Gräfe und Unzer veröffentlicht. Mehr Infos gibt es unter *www.rosavision.de* und *www.patisserie-de-luxe.de.*
Ihre Leidenschaft gilt der Malerei und dem Künstlerkollektiv *www.rosamiko.de*

Impressum

Bibliografische Information der Deutschen Nationalbibliothek
Die Deutsche Nationalbibliothek verzeichnet diese Publikation in der Deutschen Nationalbibliografie. Detaillierte bibliographische Daten sind im Internet unter http://d-nb.de abrufbar.

WICHTIGER HINWEIS:
Dieses Buch ist für Lernzwecke gedacht. Alle vorliegenden Informationen beruhen auf gründlicher Recherche der Autorin. Alle Angaben, Empfehlungen und Informationen erfolgen ohne Gewähr und stellen keinen Ersatz für eine individuelle medizinische Beratung dar. Die Autorin haftet für keinerlei nachteiligen Auswirkungen, die in einem direkten oder indirekten Zusammenhang mit den Informationen stehen, die in diesem Buch enthalten sind.

Originalausgabe
1. Auflage 2023

Bettina Meiselbach
Obere Stadtwiese 22
D-64711 Erbach
Für Fragen und Anregungen:
blog@happycarb.de

Korrektorat: Norbert Kroth, Carsten Meiselbach
Umschlaggestaltung, Satz & Layout: Simone Ruths (www.rosavision.de)
Fotografie: Bettina Meiselbach, Carsten Meiselbach (www.happycarb.de)
Autorenfoto: Pia Göpfert, Erbach
Bildmaterial und Illustrationen:
Logoillustration: www.signyra.com, Illustrationen Inhalt www.freepik.com/, Bildmaterial S. 2,8,13, 15 www.freepik.com, Foto Seite 127: Nicolin Werner
Druck: Balto Print, Litauen
Printed in EU

ISBN: 978-3-98595-913-6

Bestellung und Vertrieb:
Nova MD GmbH, Raiffeisenstr. 4, 83377 Vachendorf